战法合集

之大道至简

袁博◎编著

中国宇航出版社
·北京·

内 容 提 要

本书是为散户投资者量身打造的股票证券交易指南，书中详细讲解17种股市实用交易方法，包括大市强弱判断、市场趋势判断、选股方法及选股标准、正确的买卖时机、资金和仓位管理方法、详细的交易步骤，方便散户投资者在实战交易中参考借鉴，避免盲目交易和交易失败，简单、快速地从市场交易中获得盈利。

图书在版编目（CIP）数据

战法合集之大道至简 / 袁博编著. -- 北京 : 中国宇航出版社, 2023.1（2023.7重印）
ISBN 978-7-5159-2159-4

Ⅰ. ①战… Ⅱ. ①袁… Ⅲ. ①股票交易—基本知识 Ⅳ. ①F830.91

中国版本图书馆CIP数据核字(2022)第227443号

策划编辑 田芳卿
责任编辑 洪　宇　　**封面设计** 付洪铃

出版发行 中国宇航出版社
社　址 北京市阜成路8号　**邮　编** 100830
（010）68768548
网　址 www.caphbook.com
经　销 新华书店
发行部 （010）68767386　（010）68371900
（010）68767382　（010）88100613（传真）
零售店 读者服务部　（010）68371105
承　印 天津画中画印刷有限公司

版　次 2023年1月第1版
2023年7月第5次印刷
规　格 889×1194
开　本 1/16
印　张 6.25
字　数 91千字
书　号 ISBN 978-7-5159-2159-4
定　价 59.00元

目录
Contents

一、龙头股战法

龙头股是投资者最热爱、最向往的目标，每位投资者都希望自己买入的个股能成为龙头股。因为龙头股容易吸引市场资金进入，涨得快，涨幅也大，并且常常会出现龙头股变妖股的情况。一旦买到妖股，就意味着获利非常可观。因此，几乎每位投资者都有一个“龙头梦”。

龙头股是指某一时期在股票市场的炒作中，对同行业板块的其他股票具有影响力和号召力的股票。它的涨跌往往对同行业其他个股的涨跌起引领作用。

龙头股并非一成不变，往往只能维持一段时间，一段时间后可能会有另一只同行业的股票成为龙头股，引领同一板块个股走势的风向。成为龙头股的依据是，市场上任何与该只股票有关的信息都会立即反映在股价上。也就是说，市场上出现任何信息，龙头股总是跟随消息最先动的那只个股。当龙头股有了动作之后，同板块的其余个股才会跟随龙头股而动。

1. 龙头股的特征

（1）龙头股一般是板块中第一个起涨的个股，且不仅是领涨，还能带动板块跟随上涨。通常龙头股都是以涨停板启动上涨走势的，涨停板是多空双方最准确的进攻信号，不能涨停的个股，一般不能视为龙头股。龙头股上涨能快速积攒人气，从而推高股价。往往妖股都是从龙头股转化而来，但不是所有龙头股都会成为妖股。

就像之前的中通客车带动新能源车以及整个大盘大涨，市场走出一波轰轰烈烈的上涨趋势，持续时间长达两个多月。

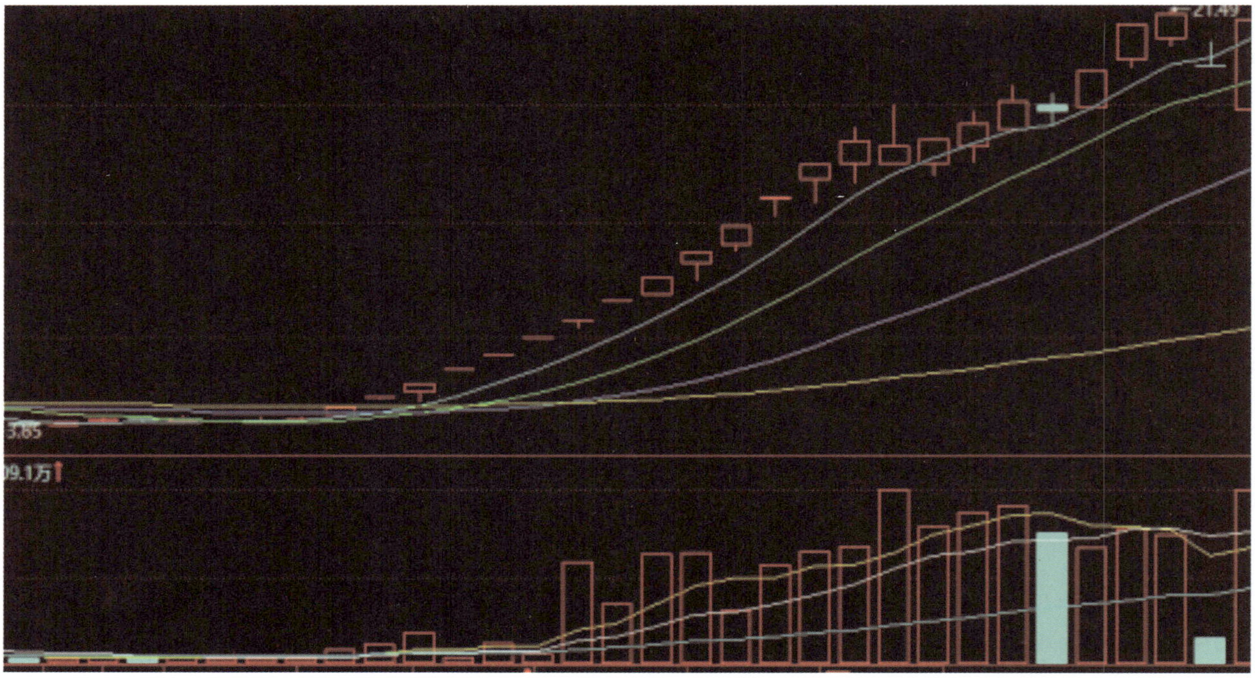

（2）龙头股通常在某一基本面上具有垄断地位，在行业中具有一定的影响力，或有突出的业绩表现。因为只有质地优良的个股，才更容易受到市场的关注和资金的青睐，并且在炒作过程中会有更多理由推动价格上涨。

（3）龙头股一般都是只涨不跌。市场上有句话说“两板定龙头”，也就是说，龙头股是以涨停板开始起涨的，不过第一个涨停板并不能确定哪只股票为真正的龙头。可能当天同一板块很多个股涨停，日内通常把率先涨停的个股定为龙头股。但是日内的龙头股不一定是真正的龙头股，因为很多涨停都只是跟风涨停。第二个交 易日，再次率先涨停的个股便可认定为龙头股。第二个交易日再次涨停，一般都是人气助推的结果，这样的龙头股更具有确定性和安全性。

（4）龙头股通常在大盘下跌末端市场恐慌时逆势涨停，提前见底，或者先于大盘启动，并且能经受住大盘下跌的考验。龙头股走势通常强于大盘，大盘下跌时，龙头股往往具有很强的抗跌性，经常出现逆势上涨；大盘上涨时，龙头股先于大盘上涨。

（5）龙头股通常是前期涨停干脆，后期涨停纠结。前期，龙头股大都先于板块其他个股率先涨停，并且涨停非常干脆，中间很少出现烂板的情况。但上涨到末端几个涨停时，通常会出现盘中烂板、尾盘涨停，或者尾盘烂板的情况，因为需要换手支撑股价上涨。如果一直是缩量涨停板，很难吸引更多投资者跟风买入，这样后期容易出现集中抛压，股价上涨空间受到限制。

（6）龙头股一般是第一个崛起，最后一个倒下，即使没有走出第二波拉升行情，也会反抽出现双顶结构。龙头股大都会一路换手拉升，如此一来，前面基本没有太多获利盘，每个涨停板都相当于首板。用筹码跟随推高股价，这样一来成本随着股价上涨而上涨，因此很难出现暴跌，即使有回调，也会有大量的承接盘，从而能够保持股价稳定上涨。哪怕同一板块的其他个股都出现调整，龙头股一般也是最后一个倒下的。如下图所示京山轻机，在走出一波大龙趋势后，经过一段时间的调整，继续走了一个双顶的结构。

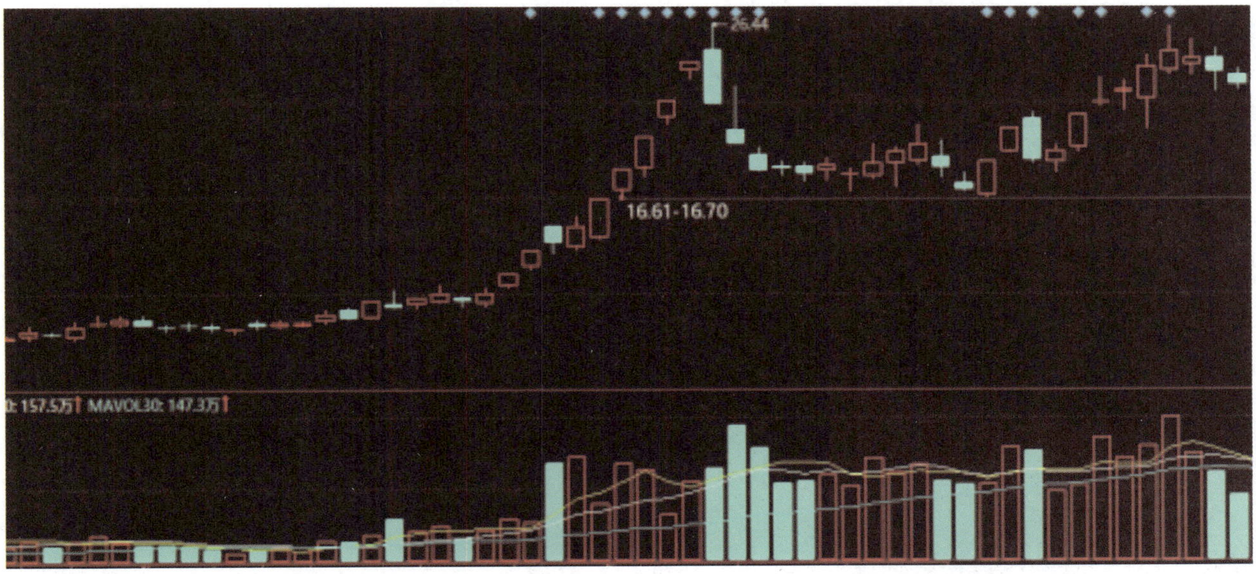

投资者要敢于买入并持有龙头股或妖股。只有买到并坚定持有龙头股，才能获得丰厚的利润。很多投资者虽然买到了龙头股，但是基本在第一个或第二个涨停板就卖出离场了，只有很少一部分投资者能坚定持有，获取后面更大空间的利润。

2. 龙头股的识别方法

股价要想拉升，必师出有名，炒作必有逻辑。在次新股中容易出现妖股，龙头股的人气决定龙头股拉升的高度。要炒作龙头股，首先必须识别龙头股。股市行情中，不论是大牛市还是反弹行情，抑或震荡行情，甚至熊市行情，经常会崛起几只个股引领市场，在市场上呼风唤雨，带动相关题材逐渐走强。

在操作过程中发现市场龙头股，必须密切留意行情。特别是在股市经过长期下跌后，必然会有几只个股率先扛起反弹的大旗。此时，虽然不敢确定哪只个股会突围而出，引领市场，但可以肯定的是，龙头股必然就在其中。实战中，要把率先反弹的几只股票圈定起来，然后再研究这几只股票的整体技术走势和基本面情况，进而判定哪只可能成为最强的龙头股。

每次行情的上涨或中级反弹，都会伴随着题材或概念的炒作。实战中，首先要选择在未来行情中可能形成的热点板块。热点板块持续的时间不能太短，拥有的题材要具备想象空间，板块的领头股要能激发市场人气，带动整个板块上涨。如2022年4月底到8月的新能源汽车板块，在市场触底后共振反弹，政策面也不断加码，于是开启了一波轰轰烈烈的上涨趋势。

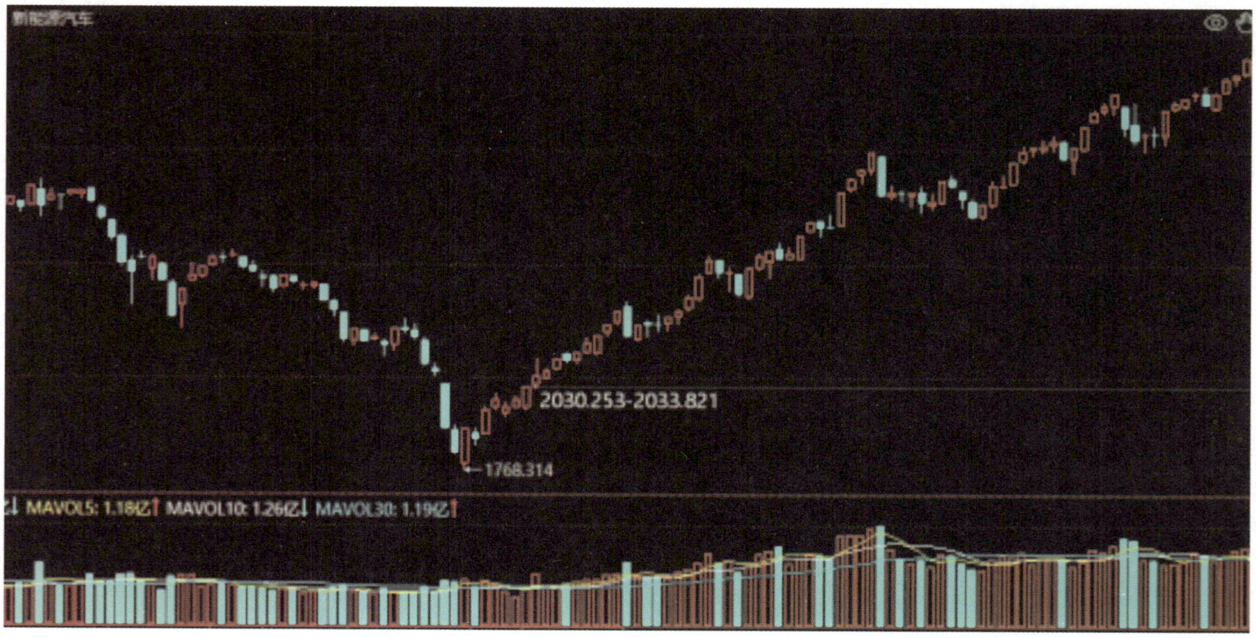

每个题材板块或概念都有很多个股。选择个股进行观察时，不需要选择太多，只选择几只长期以来走势比较活跃，并且具备引领板块或概念联动能力的个股进行观察分析。这样的个股对题材消息更具敏感性，比如“一带一路”题材中，长期最为活跃的是天山股份、西部建设和北新路桥。如果跟踪分析这几只个股，只要是“一带一路”题材开始活跃，那么这几只个股必会率先受到市场追捧，从而引领整个板块走势。

龙头股的赚钱操作逻辑分为以下三个阶段。

第一阶段是一些有格局、有预判能力的投资者，通过分析题材热度，预知某个题材将要出现超级热点，提前针对几只潜在龙头股进行分散性买入。待题材爆发成为热点，龙头股便会率先崛起。这一阶段通常是预埋捕捉龙头股，以分散性买入为主，属于广撒网。

第二阶段是已经出现题材热点，已经开启上涨行情，赚钱效应显现，一些跟风投资者开始勇敢地追涨进入。这一阶段追入的人，通常看好题材后市走势。

第三阶段是一些胆大的人，看着题材持续成为热点，股价已经连续上涨较大幅度， 这些投资者通过复盘，认为股价还有可能继续上涨，不想错过热点题材的赚钱机会，因而选择追高买入。

3. 操作龙头股的技巧

（1）根据板块强势个股选龙头股。密切关注板块中重点个股的资金动向。当某一板块中的重点个股资金均出现持续增仓时，说明板块开始异动，有可能成为热点，要特别留意有可能成为领头羊的几只个股。一旦某只个股率先放量启动，应确认同一板块其他个股是否有跟风异动。如果出现跟风异动，则可以追涨买入率先拉涨的这只个股，这就叫“擒贼先擒王”。这样操作虽然是追高买入，但龙头股先于板块启动，相比较而言，追涨买入龙头股的安全系数，要比跟风买入其他个股的安全系数高很多，并且获得的收益也会高很多。

（2）第一个涨停板前追入。在个股拉升前，很难确定某只股票是否会成为龙头股。只有当一只个股快速拉升，并且带动整个板块拉升，才能预判该股有可能成为龙头股。如果预判某只个股可能成为龙头股，那么可以在这只个股拉升即将封涨停板时追涨买入，或者在龙头股封涨停板后打开涨停板时追涨买入。通常来说，龙头股拉升会非常迅速，并且会很快封上涨停板。这种快速封涨停板的个股，在刚封涨停板时往往会出现大量抛盘，使得股价无法封死涨停板，中间出现短暂回落，这就给投资者提供了追涨买入的机会。

（3）利用龙头股强势整理时机买入。即使最强劲的龙头股，在拉升过程中也有强势整理阶段。因为龙头股价格拉升太快，会面临很多抛压盘。主力为了用更少的资金换取更多意志不坚定投资者的筹码，通常会在快速拉升后选择强势整理，在整理完成后再次快速拉升并封涨停板。龙头股快速拉升后的强势整理阶段，是投资者追涨买入龙头股的最后时机。强势整理意味着股价不会大幅回落，随后快速拉升封板，意味着股价不会再回到强势整理区。

这样的操作方式也存在一定的风险，就是当市场整体趋势走弱时，龙头股也会从强势整理演变为见顶回落。这时关键要看成交量，如果当日有大比例资金流入，那么就算是龙头股当日走势出现见顶回落，下一交易日依然会再次崛起。

（4）确定龙头股后再买入。有时第一天率先涨停的个股并不一定是真正的龙头股，并且很多投资者没有机会在第一个涨停板前买入，这时，可以在第二个交易日观察谁是真正的龙头股，待确认龙头股后再买入。“两板定龙头”，如果是龙头股，第二天也会率先启动拉升，并且带动整体板块跟随，这时可以买入率先启动拉升的龙头个股。

这样操作的好处在于，能确定哪只股票是真正的龙头股，但也存在很大风险。因为追入时价格往往已经拉升一段空间，此时追涨买入，距离前一交易日已经有10多个点的利润差，如果整体行情趋势走弱，龙头股二板拉升失败则容易被套。

4. 龙头股战法的市场意义

龙头股必定会有强大的炒作逻辑支撑，可能是并购重组，可能是政策支撑，也可能是公司所处的行业地位支撑，还可能是公司业绩收入支撑。总之，龙头股一定要有让投资者足够看好它的理由。

龙头股不是一成不变的，也并不是谁先涨停、谁封单多谁就是龙头股。出现龙头股全靠人气，并且龙头股变成妖股通常也是由市场人气决定的。当市场对某只龙头股形成合力时，投资者买入意愿将会极其强烈。后期能涨多高，完全由市场人气和情绪决定。市场人气越高，投资者情绪越疯狂，打造的妖股涨幅就越大。

操作龙头股，要能发现、敢于买、拿得住，这样才是真正的龙头股交易。不要怕出现特停，只有强势上涨的个股才会出现特停。可以说特停就是妖股的象征，特停的个股恢复交易后经常会继续上涨，就算低开也会快速拉升。

市场普遍认可的龙头股和妖股都有两条命，即轻易不会死掉，通常都是领先其他个股率先上涨，最后一个下跌。龙头股一般都以 5 日均线为依托上涨，只要股价不破 5 日均线，就坚定持有不放手。强势龙头股经常会有第二波上涨，第二波上涨的启动点一般是在第一波上涨之后股价回落时，依托10日均线或20日均线的支撑再次拉升。

战法笔记

二、强龙回首战法

强龙回首战法是操作强势龙头股第二波走势的战法，是指股价经过连续的强势拉升后出现短期回调，当在某条均线位置受到支撑后，又展开第二波上涨走势。

市场上经常有“龙头不会轻易死掉”的说法，并不是说强势龙头股一定不会下跌，而是说强势龙头股通常都会有第二条命。具体说来，强势龙头股一般不会在股价强势拉升后直接出现强势跌回原点的情况，通常在下跌回调一段空间后，还会走出第二波上涨行情。这第二波上涨行情就是龙头股的第二条命，也是给第一波行情中高位接盘投资者第二次卖出的机会。操作龙头股的回首战法，就是去争夺强势龙头股的第二波上涨机会，操作这波上涨往往是机会与风险并存。

1. 强龙回首战法构成要点

（1）股票前期必须是连续强势上涨的龙头股，至少要有两个涨停板。

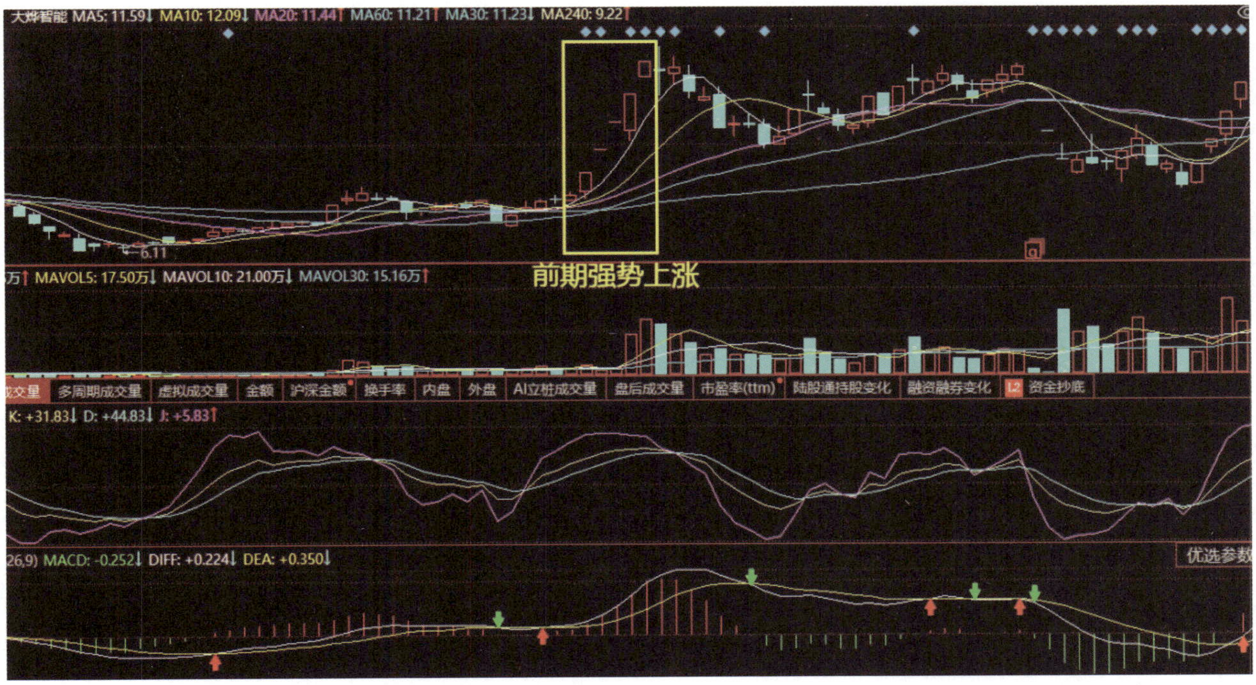

（2）股价经过第一波强势上涨后，短期内股价回调下跌。

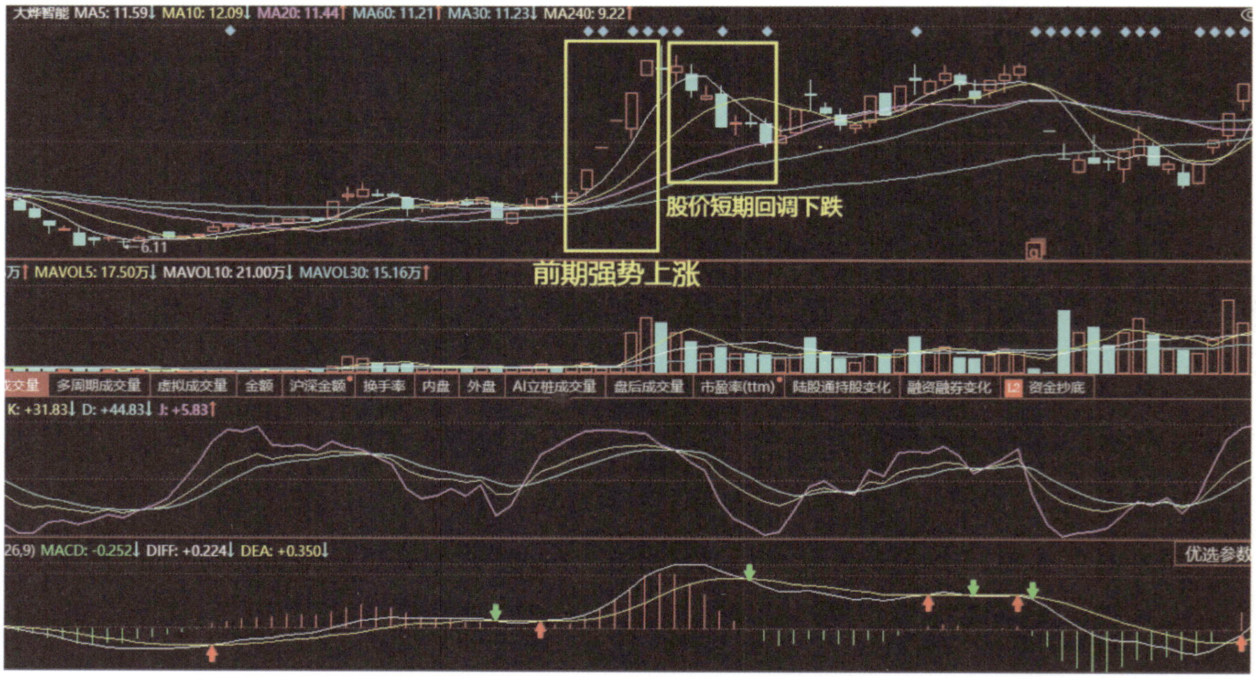

（3）股价在回调过程中受到10日或20日均线支撑。

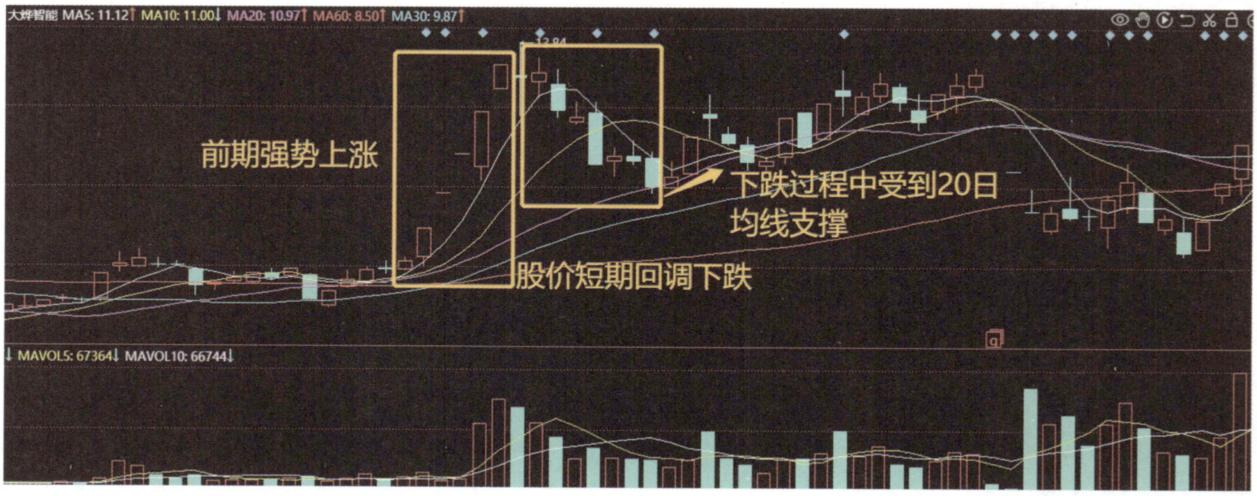

（4）股价在10日或20日均线受到支撑时，成交量快速萎缩。

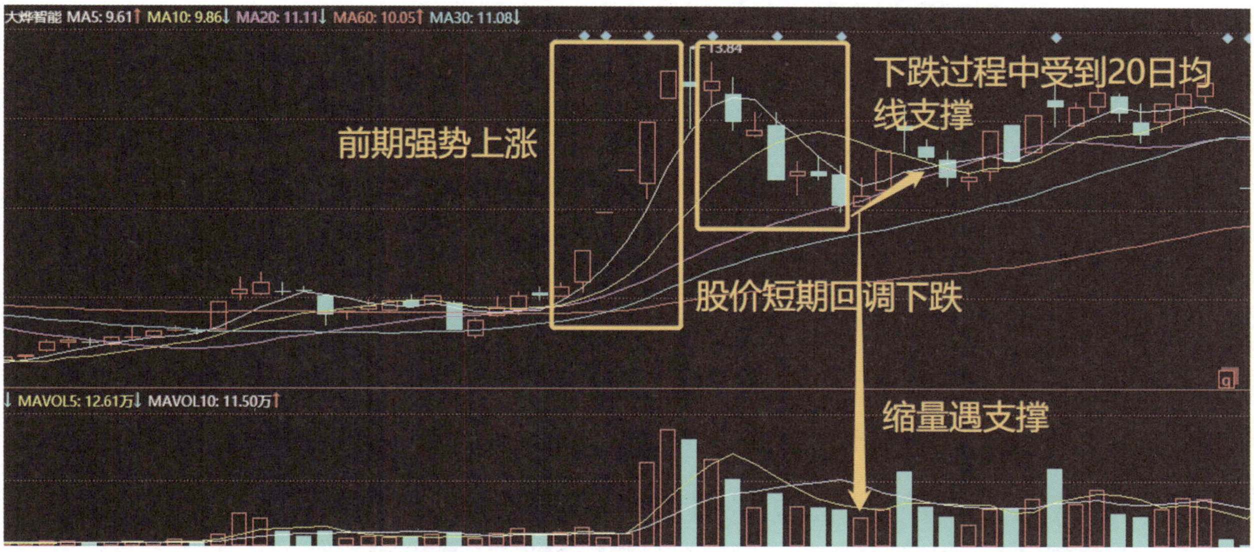

（5）股价受到支撑且明显缩量后的第二天，股价上涨收出阳线。

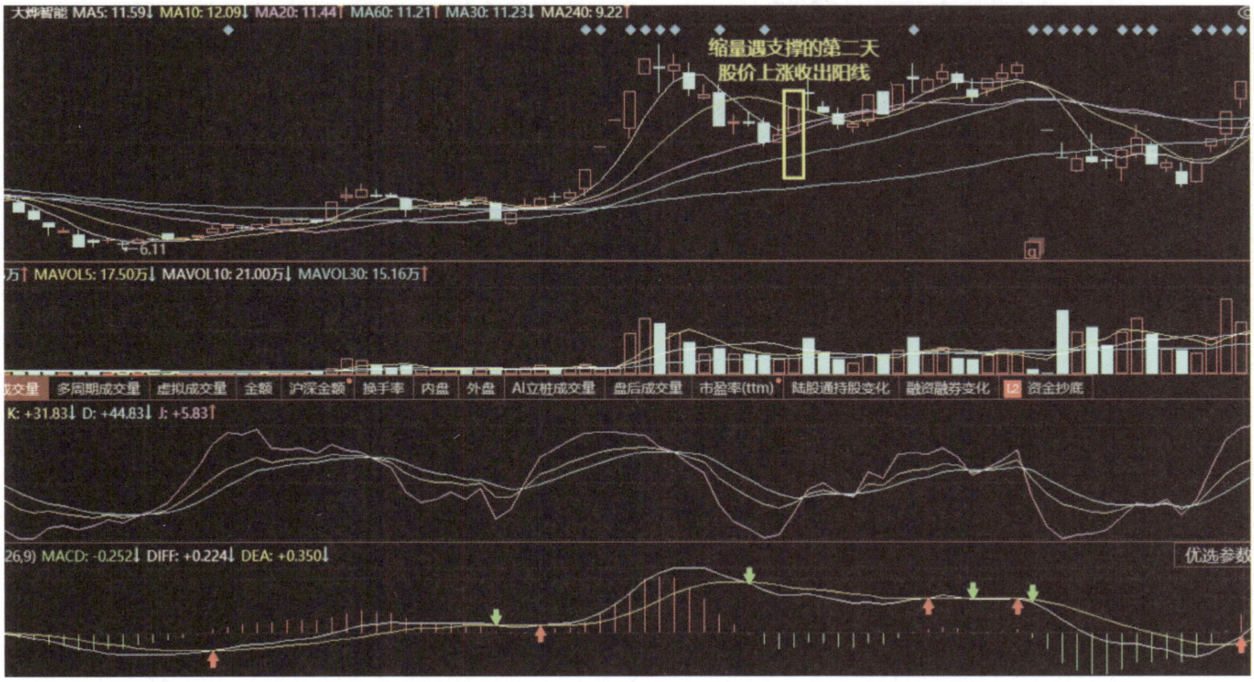

2. 强龙回首战法的买入时机

当股价受到10日或20日均线支撑，且成交量明显减少时买入股票，或者在第二天股价上涨时买入股票。在操作强势龙头股第二波上涨行情时，最好轻仓参与，因为股价经过第一波的强势上涨，本身就已经有很多获利盘，需要谨防主力通过第二波拉升诱导市场投资者买入，主力趁机出货。

如图所示，大烨智能（300670）的K线图中，股价经过短期强势大涨成为龙头股。在股价大幅上涨后，部分获利盘开始卖出，导致股价出现回落。股价经过短暂回落后，在20日均线位置受到支撑，展开第二次强势上涨。第二次的上涨速度和力度较第一次上涨要弱。

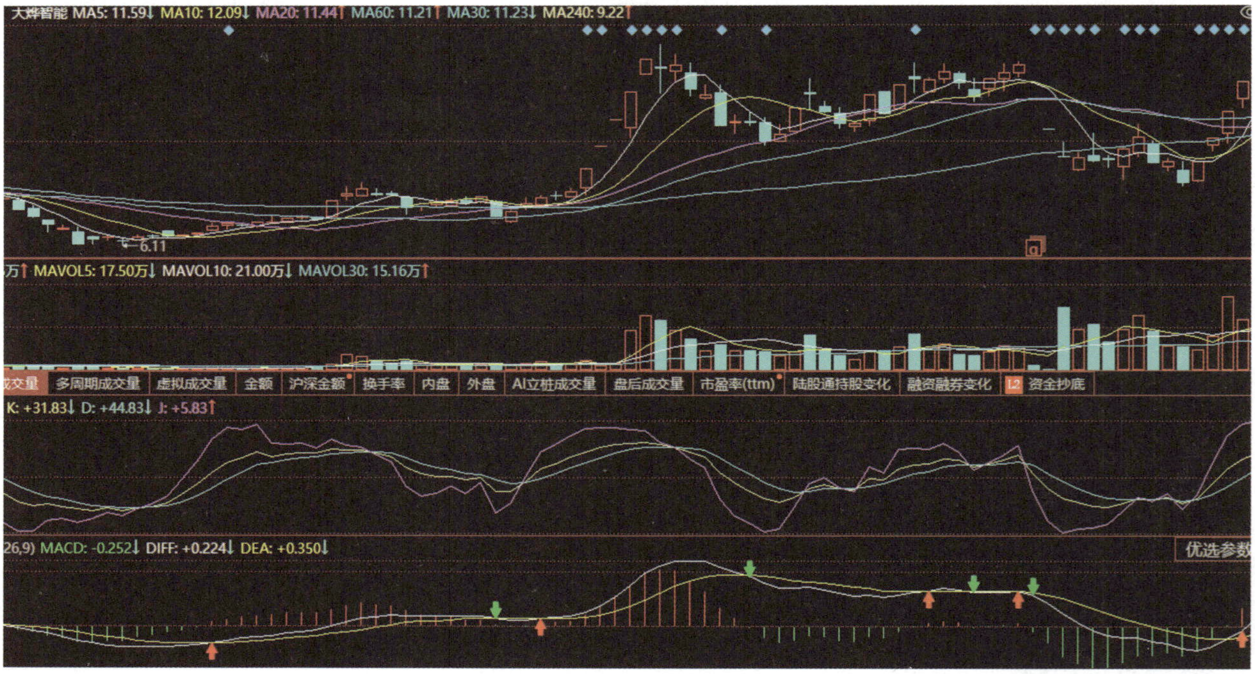

战 法 笔 记

三、龙头股联动战法

龙头股联动战法与龙头股战法具有一定的联系，但又有很大的区别。龙头股战法主要是买入龙头个股，而龙头股联动战法则是主动放弃龙头个股，退而求其次，选择跟龙头股有紧密联动关系的龙二或龙三。

龙头股联动个股是指与龙头个股走势有联动关系的个股。具体说来，就是当龙头个股上涨时，联动个股会跟随龙头个股上涨；当龙头个股下跌时，联动个股会跟随龙头个股下跌。只是上涨时龙头股会率先上涨，并且涨速和涨幅都比联动个股强。

龙头股联动战法是指操作与龙头股走势有密切联动关系的个股。在龙头股出现强势上涨时，大多数投资者没有办法准确识别龙头股，从而无法在第一时间买入，这时可以利用与龙头股的联动关系，通过股价拉升走势的时间差，买入与龙头股具有联动关系的个股，该股可能是龙二，也可能是龙三。龙头股联动战法是对龙头股战法的一种补充。

在龙头股联动战法中，虽然买入的不是龙头股，走势看似比龙头股弱，但实际上盈利能力也很强。因为龙头股往往不是固定的，有时某只个股可能在前两天是龙头股，之后却出现龙头转换，经常会出现龙二或龙三补位成为新龙头股的情况。一旦龙二或龙三补位成为新龙头股，通常会有不小的涨幅。

就像2022年5月11日启动的索菱股份，该股带领汽车板块上涨，走出了 8 连板的大龙走势。但该个股却不是真正的汽车板块龙头，后面被中通客车卡位，中通客车带领整个新能源车板块走出了 4 个月的单边上涨行情。

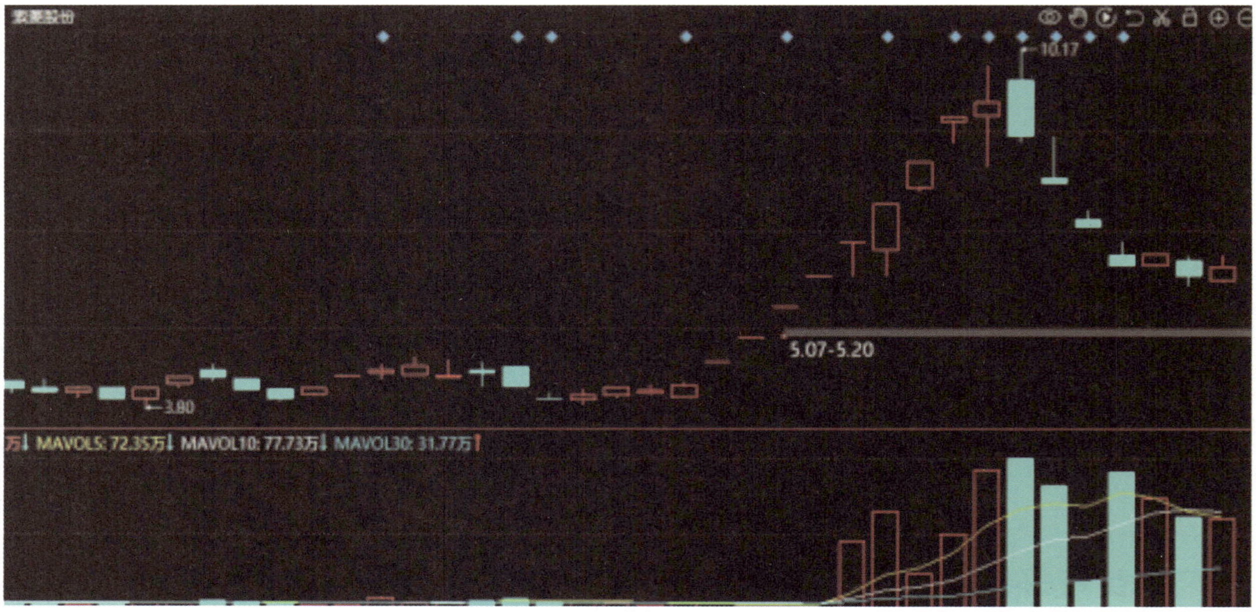

龙头股联动战法中，具备联动关系的个股可能是同一板块或同一概念。如锂电池板块中，赣锋锂业、天齐锂业、当升科技、星源材质、亿纬锂能等个股具备联动关系。如“一带一路”概念中，天山股份、西部建设和北新路桥等个股具备联动关系。当某只个股成为龙头股快速拉升时，如果投资者没有及时入场，可以放弃追入龙头股，选择买入其他具有联动效应的个股。

龙头股联动战法中，具备联动关系的个股有时也可能不是同一板块或同一概念，有时同一批上市或开板的次新股具备一段时间的联动效应，有时同一批高送转个股也具备一段时间的联动效应。如有段时间煌上煌、名家汇、天润数娱等个股刚高送转时，便具备联动效应。只要具备联动效应，就可以根据联动效应的时间差来买入个股。不是同一板块或同一概念的联动效应，随着时间的推移可能会逐步降低。

战法笔记

四、地量转势战法

地量转势战法与K线形态关系不大，最主要的是量能和短期均线的配合。地量转势战法是指股价经过一段时间的横盘整理后，股价开始温和上涨，同时伴随均线开始拐头向上运行。此时股价经过几天连续上涨后回落，当股价回落至20日或60日均线位置时，成交量出现地量，则是买入的最佳时机，随后行情或将加速上涨。

1. 地量转势战法构成要点

（1）股价经过一段时间的横盘整理后，开始呈现上涨走势，也就是上涨的初始阶段。

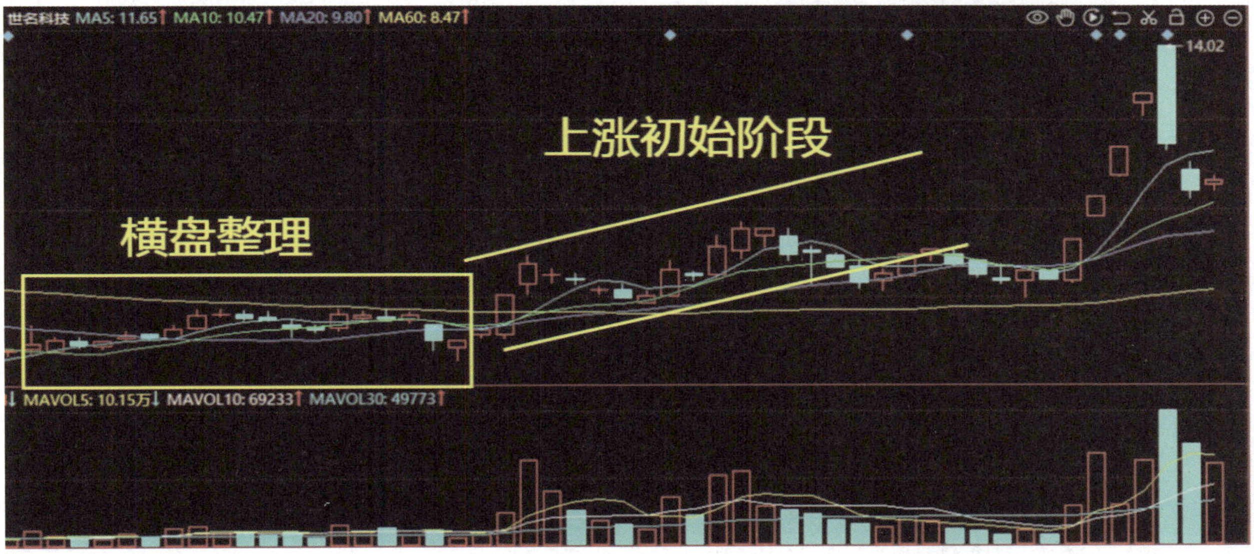

（2）均线必须已经开始拐头向上发散运行。

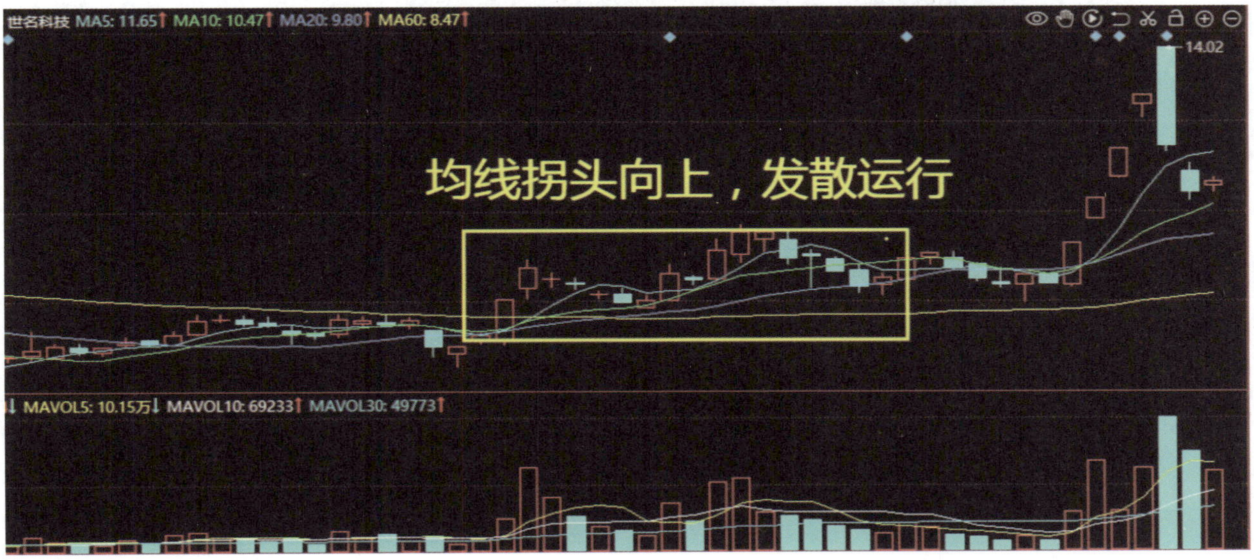

（3）股价经过几天上涨后出现连续几日的回调。

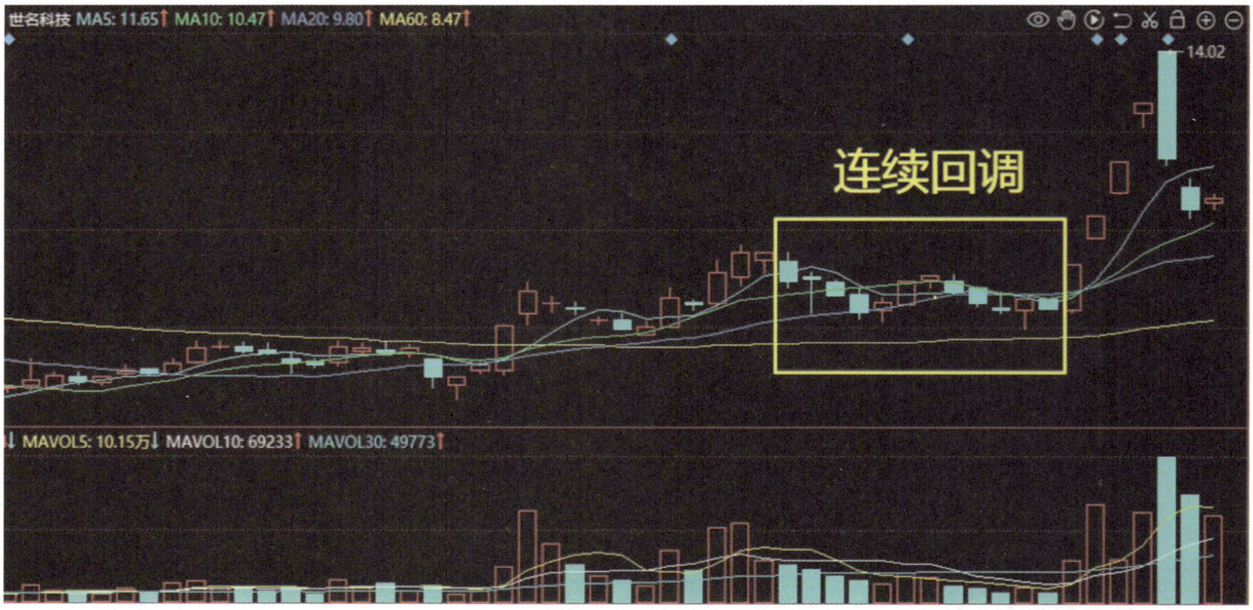

（4）股价回调至20日或60日均线位置附近。

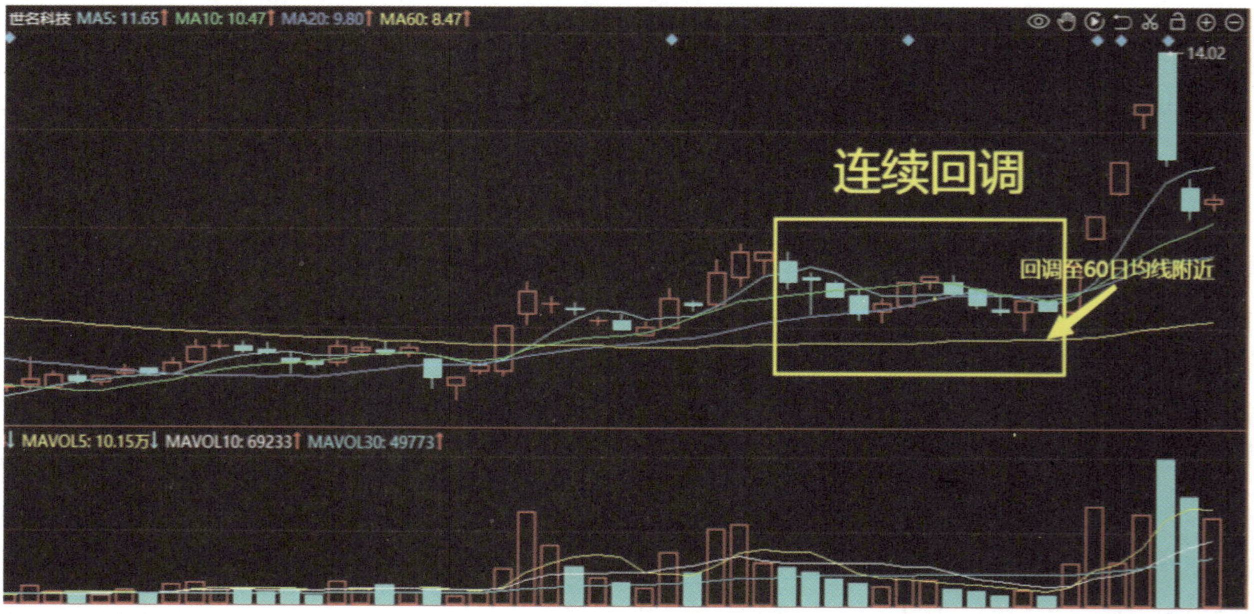

（5）成交量出现极低的地量状态，这是最关键的一点。

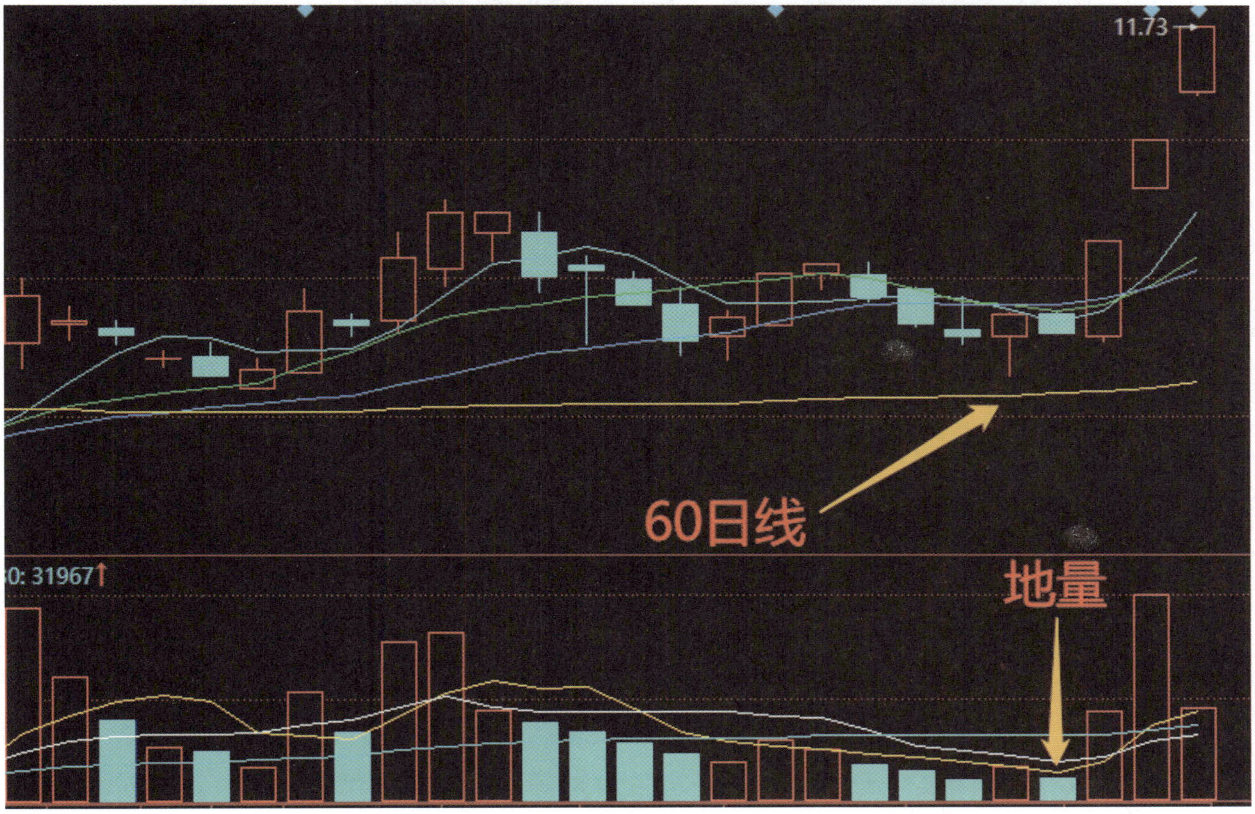

在实际运用中，虽然很少有人使用地量转势战法，但是其成功率却很高。投资者大都无法分辨如何才算是地量，认为前一天量能很低，可能第二天的量能会更低。因此，只要看到行情上涨，他们就不再关注量能和其他指标的变化，只盯着价格的变动。

2. 地量转势战法买入时机

上涨趋势形成后的回调阶段，股价在20日或60日均线位置出现地量时，其 K 线形态通常为小阴或小阳线。买入时机一般出现在地量交易日的尾盘，或第二个交易日股价上涨时。

如图所示，世名科技（300522）的K线图中，股价在2018年2月6日完成筑底后开始缓慢上涨。股价上涨一段时间后出现回落，于4月9日回调到10日均线位置形成地量，随后继续上涨。当股价上涨一段时间后再次出现回落，于5月2日在120日均线和20日均线黏合位置形成地量，随后股价再度开始上涨。

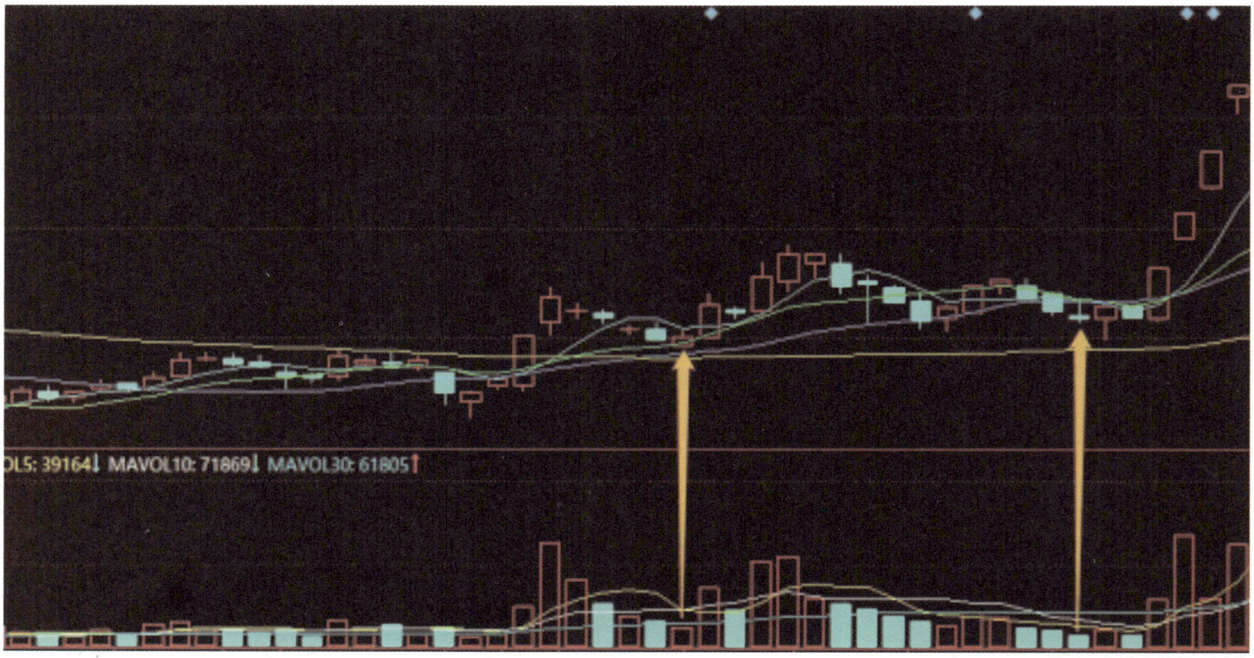

3. 地量转势战法选股方法

可以在【i问财】搜索：成交量地量个股；股价站上10日线。

通过 K 线图形，大致找出近期成交量出现地量的股票，再通过10日线进一步筛选，站上10日线则股价企稳的概率较大。最后根据近期热点或板块轮动方向，找到意向标的进行跟踪。大家同时要做好止盈止损，一旦因环境风险跌破趋势，还是要先离场。

战法笔记

五、双龙出海战法

双龙出海又称多方炮，也叫双响炮，是一种经典的技术形态。该形态由左右两个中阳线或大阳线，中间一根或多根阴线或阳线组合而成，是强烈的买入信号。多方炮是 K 线经过长期下跌后横盘整理，或者行情经过一段时间上涨后出现横盘整理，底部逐渐抬高，价格随时可能向上突破盘整区间的一种形态。

当股价出现放量中阳线或大阳线并突破横盘整理平台时，多方炮左边K线宣告完成。股价放量中阳线或大阳线突破平台后第二天，K线往往会上升乏力，走出高开低走的阴线。如果行情表现强势，第三天股价再次以中阳线或大阳线反包第二天的阴线，通常会收光头阳线，此时多方炮宣告成立。如果行情表现稍微弱势，则行情会在第一根中阳线或大阳线的价格区间做整理。当股价再次以中阳线或大阳线拉升，反包前面所有整理的K线时，多方炮宣告成立。

当多方炮形态出现后，股价不一定就会马上上涨，需要看多方炮形成的下一交易日走势。如果下一交易日股价跳空高开，放量上涨，则说明多方炮有效，后市还有上升空间。如果下一交易日股价没有跳空高开上涨或继续放量上攻，那么说明多方炮无效，行情可能会再次回落，形成区间盘整。

1. 多方炮形态构成要点

（1）多方炮形态一般出现在一轮明显的下跌行情之后，股价经过一段时间的低位止跌横盘整理过程。由于股价长期下跌或横盘，人心涣散，大多数投资者都习惯于稍涨即抛。股价想快速上涨，压力主要来源于下跌前期的套牢盘。股价上涨到一定阶段后，压力则主要来源于底部进场的获利盘。

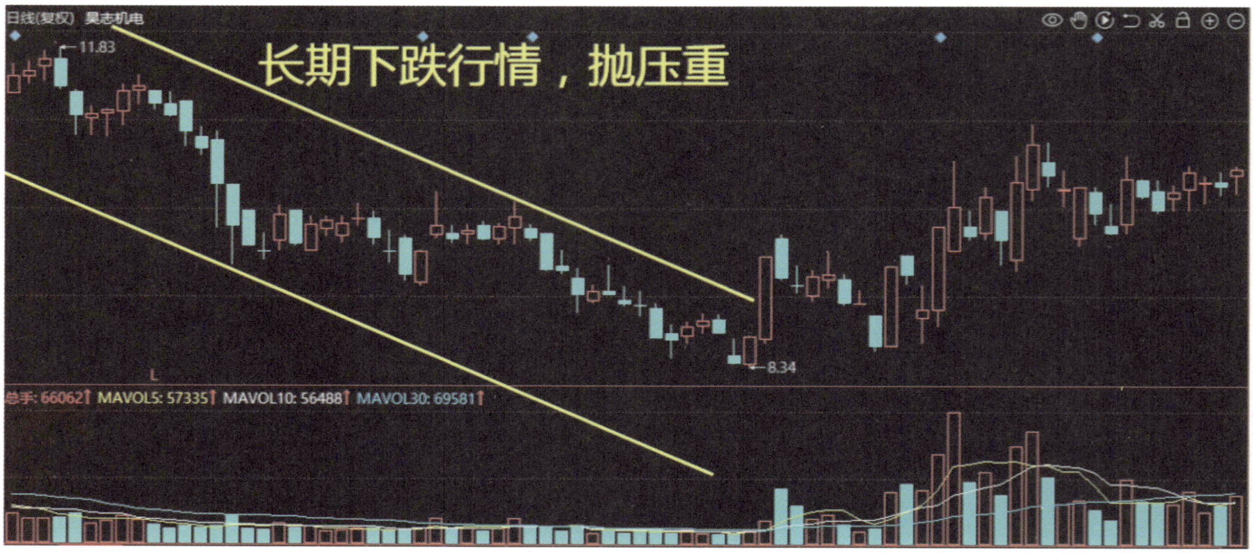

（2）通常多方炮的第一根阳线突破，都是放量突破近期连续横盘阶段的高点，创近期新高，同时伴随着短期和中期均线突破。第一天的放量突破通常是试盘动作，主力通过放量突破测试上方抛压盘是否沉重，同时放量突破时测试个股是否受到市场资金的关注。

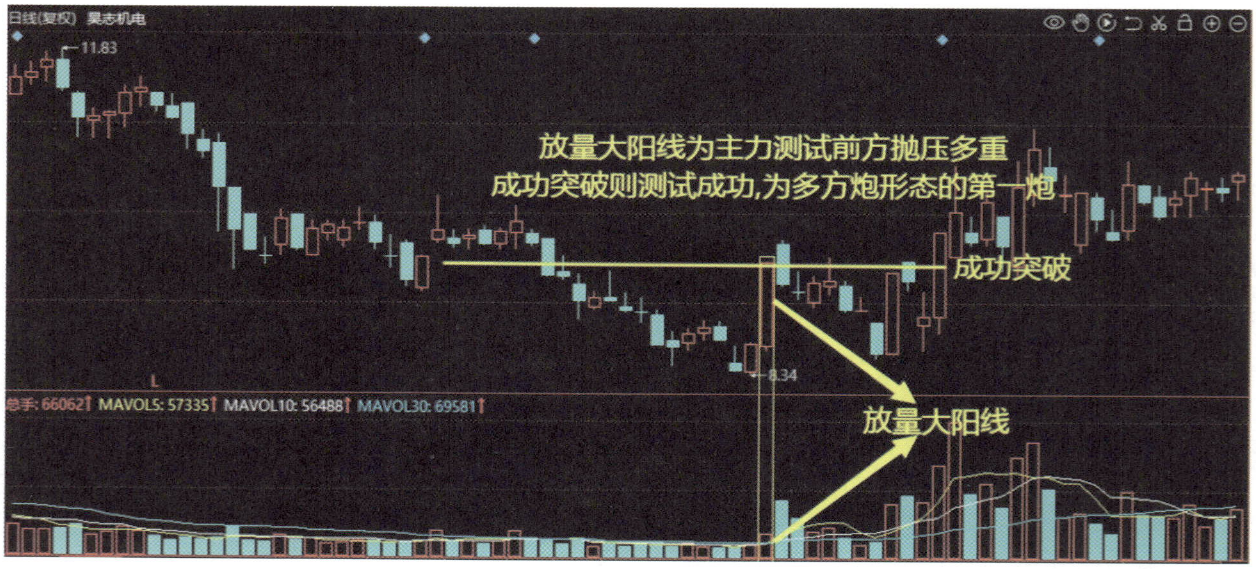

（3）多方炮的第二根阴线成交量必须是缩量或小幅放量，绝对不能放巨量，并且股价不能再回到均线下方，也不能破位前一天的价格低点。在第一天的中阳线或大阳线突破后，第二天通常会小幅高开，并小幅冲高后回落，形成一根带上影线的阴线，这通常是主力为了洗去意志不坚定浮筹的做法。在两阳之间有多根K线的，中间K线可以是阴线也可以是阳线，但是不能放巨量，同时也不能出现大阴线下跌或大阳线上涨，通常都是小阴线或小阳线来回横盘，目的是为了吸纳松动的筹码。

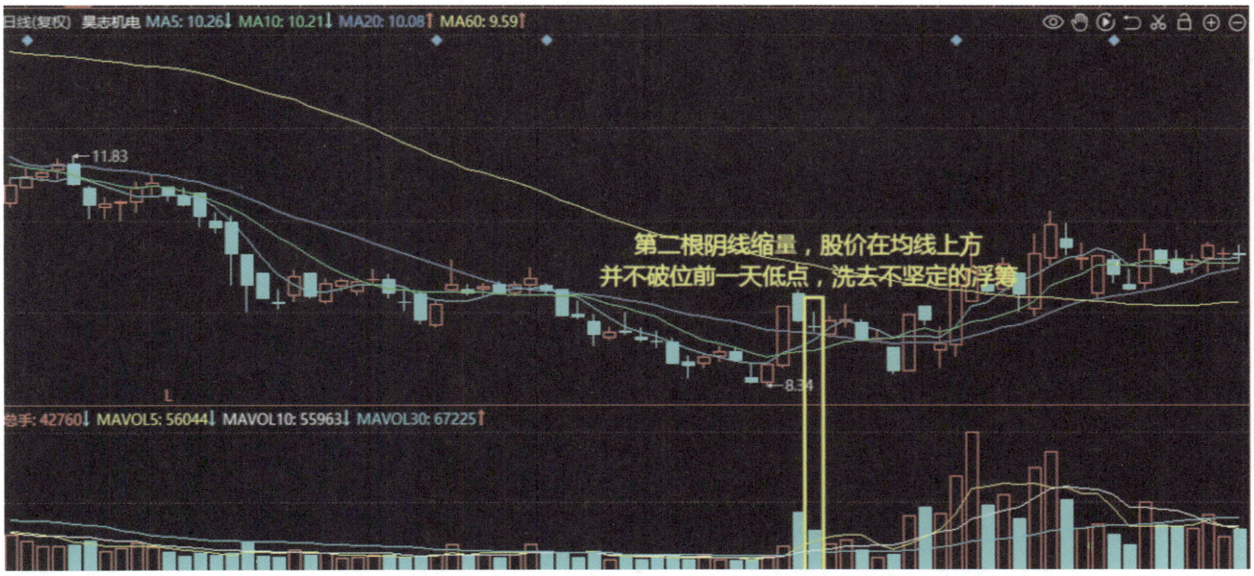

（4）在多方炮走势中，最后一根阳线收盘价应高于第一天阳线的收盘价，并且量能也需要比第一天放大，但是不能放巨量。主力会在冲高时继续收集筹码，最后这根阳线经常是光头光脚中阳线或大阳线。

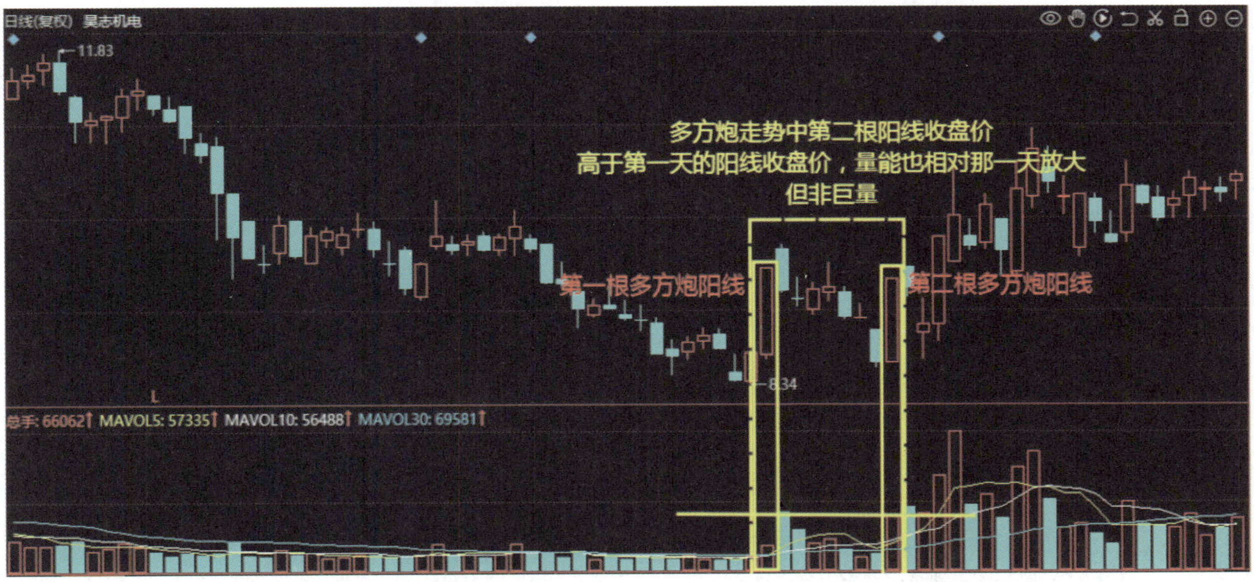

（5）多方炮形成后的第二天，股价一般会跳空高开。如果股价高开、放量高走，则后市持续看涨；如果放量冲高回落，那么还将继续横盘整理。

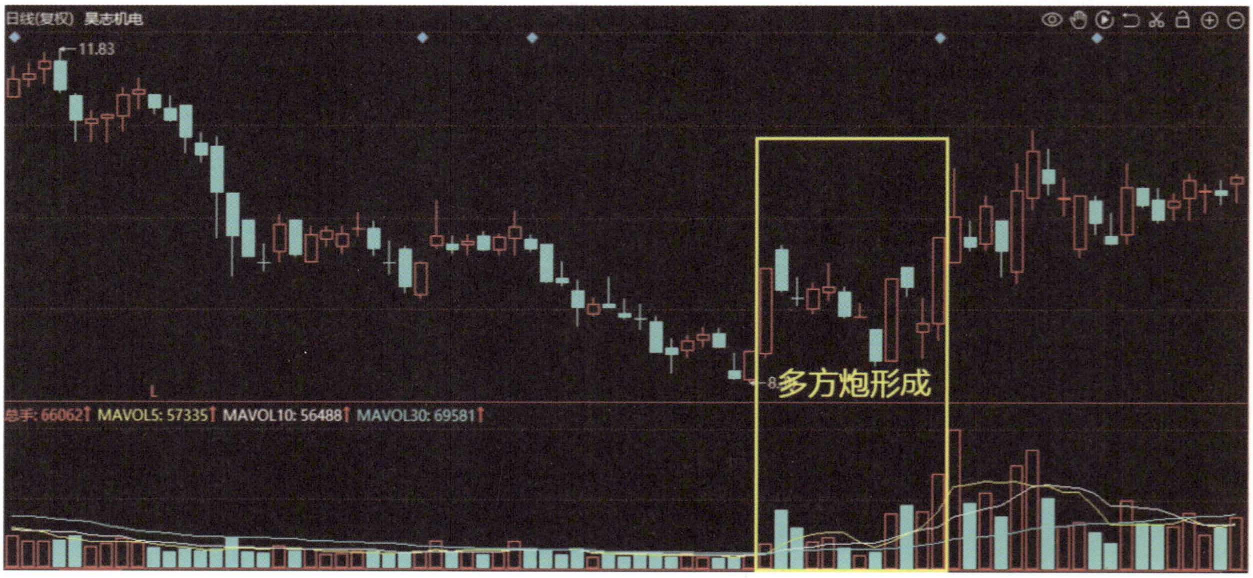

如图所示，昊志机电（300503）的K线图中，股价经过一段时间下跌后，在底部形成横盘震荡走势。股价在 2018年9月19日 出现一根大阳线，其后多日出现阴跌回调。当回调到大阳线底部后，于10月9日股价再度强势上涨收大阳线，与前一根大阳线形成多方炮形态。其后两天再度阴跌回落，10月12日股价强势上涨，以大阳线涨停，形成多方炮形态，其后股价短期呈缓慢上涨走势。

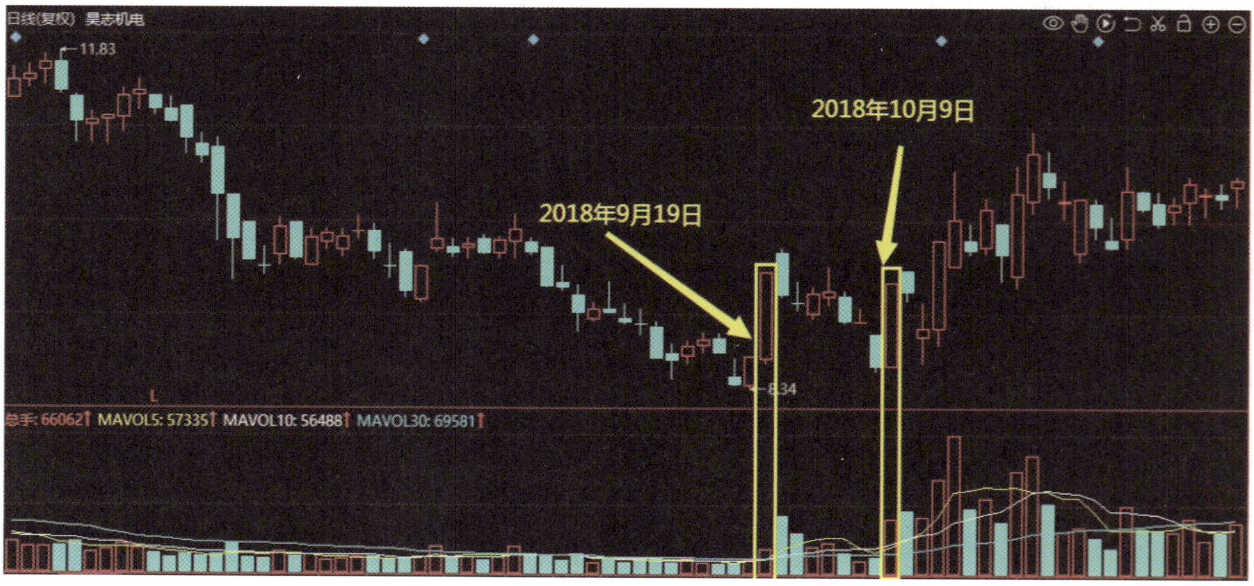

2. 多方炮形态的市场意义

多方炮形态中，两阳夹一阴的市场意义在于，股价经过长期下跌后，在底部反复盘整以夯实底部。因此，无论是两阳夹一阴还是两阳夹十字星，或者是两阳中间夹多根小 K 线，都是为了达到筑底的效果。还有一种多方炮情形是，股价经过一段时间的上涨后，开始持续横盘整理，然后再形成多方炮走势，这种走势是多方为了继续发动上涨行情的中途盘整。出现多方炮形态，同样是为了清洗浮动筹码，好发动新一轮上攻。

出现多方炮形态是底部起涨的最佳买入机会。与多方炮对应的还有一个空方炮，是指股价在上涨之后经过一段时间的横盘整理，形成两阴夹一阳或两阴夹多阳走势。空方炮走势的意义与多方炮正好相反，是强烈的卖出信号。

3. 多方炮形态的查找方法

可以在【i 问财】搜索：两阳夹一阴。

通过 K 线图形大致找出符合该形态的股票，再根据近期热点或轮动板块方向，找到意向标的进行跟踪。同时大家要做好止盈止损，一旦因环境风险跌破趋势，还是要先离场。

问财　两阳加一阴;　收藏此问句

序号	股票代码	股票简称	现价(元)	涨跌幅(%)	买入信号
3	600817	宇通重工	9.81	1.34	【行情收盘价上穿5日】;【kdj金叉】;【skdj超卖】
4	601007	金陵饭店	8.46	1.20	【周线mtm金叉】;【周线cr金叉】
5	603327	福蓉科技	19.09	3.41	【kdj金叉】;【skdj超卖】;【kdj超卖】
6	603587	地素时尚	14.34	0.77	【行情收盘价上穿5日】;【月线bias买入信号...
7	603656	泰禾智能	12.41	1.81	【mtm金叉】;【行情收盘价上穿5日】;【skdj超卖】
8	605060	联德股份	22.73	1.52	【行情收盘价上穿5日】;【kdj金叉】;【skdj超卖】
9	605088	冠盛股份	17.14	3.25	【mtm金叉】;【rsi金叉】;【kdj超卖】
10	688385	复旦微电	73.15	0.55	rsi金叉
11	688439	振华风光	120.00	4.03	【周线psy超卖】;【月线psy超卖】
12	688521	芯原股份	51.15	0.49	【rsi金叉】;【月线bias买入信号】;【月线mtm...

战法笔记

六、涨停板连板战法

涨停板是众多投资者一直追逐的目标，几乎所有投资者都希望自己每天都能买到涨停板股票，更希望自己手中的股票天天都能涨停。但实际操作中，绝大多数投资者不知道如何寻找大概率能涨停的股票，更不知道应该何时买入强势股。

涨停板连板战法，顾名思义，前一交易日个股必定是以涨停收盘，在前一交易日涨停的个股中去寻找并加以分析即可。股票在前一日能够涨停，必然会有支撑其涨停的理由，因此需要去分析个股涨停的因素，重点分析个股的涨停因素是否能支持其股价继续走强。具有强势因子的涨停股，通常在第二个交易日会跳空高开，并且这种类型的个股大概率还会有连板的机会。

1. 涨停板连板战法构成要点

（1）股价前一日是以涨停板收盘，且股价拉升非常干脆利落，涨停板封单较大。

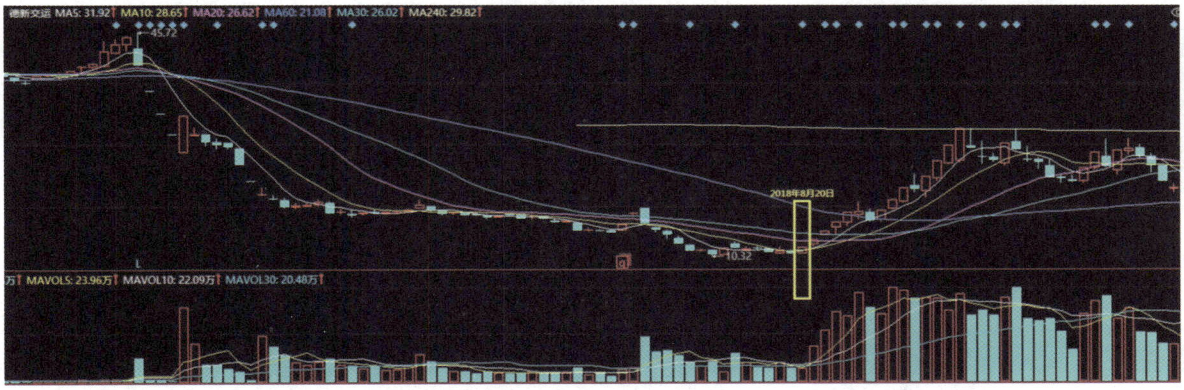

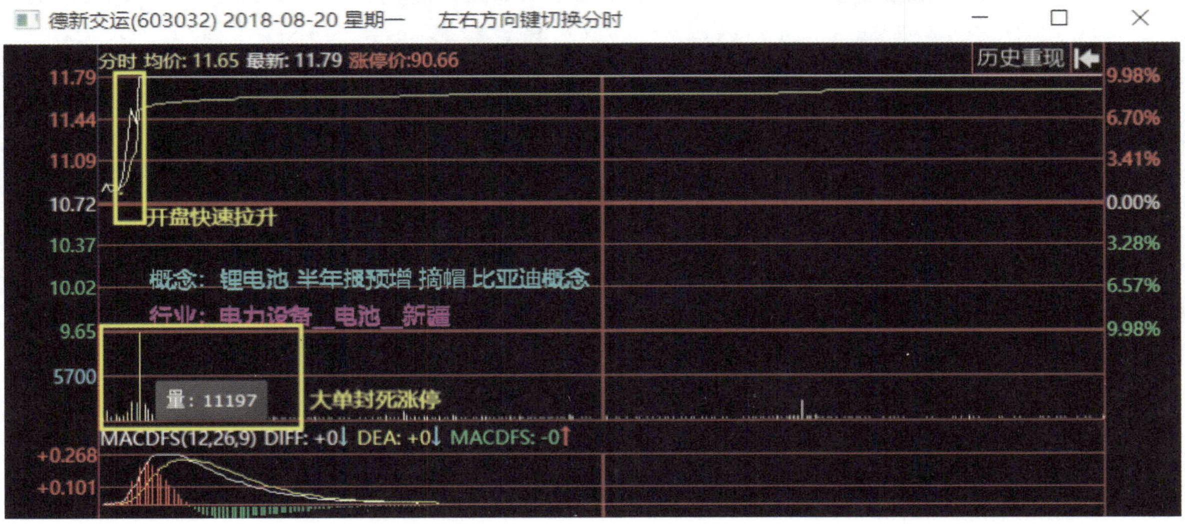

（2）前一日涨停板收盘时，收盘价高点处于前期盘整区间的高点突破边缘或形态突破边缘。

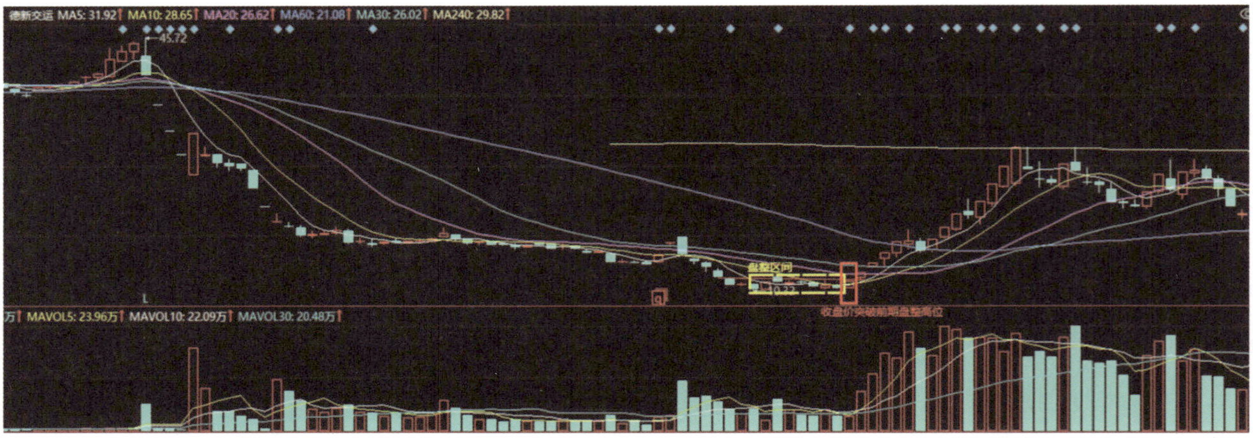

（3）当日开盘股价跳空高开，同时突破前期K线形成的形态压力位。

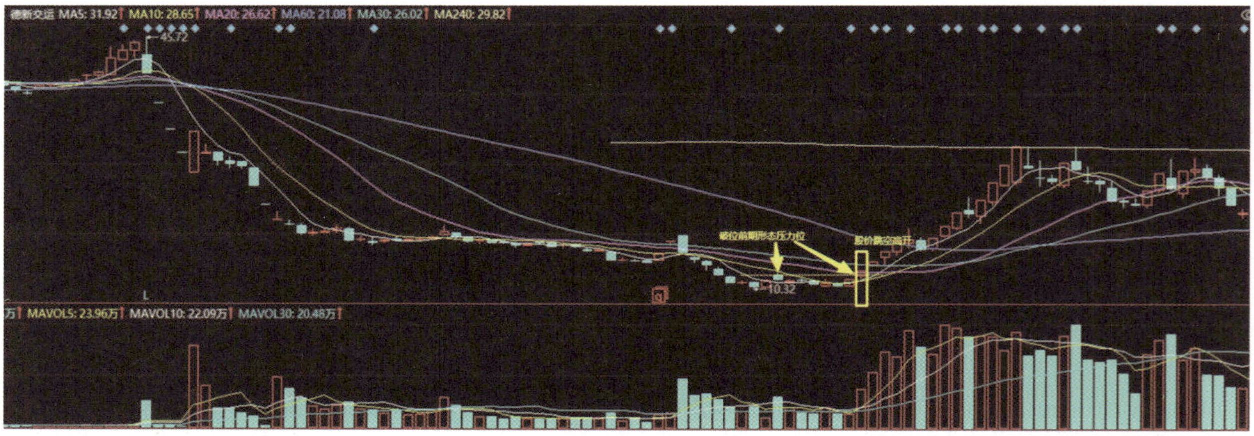

（4）前一日股价涨停，成交量增加。

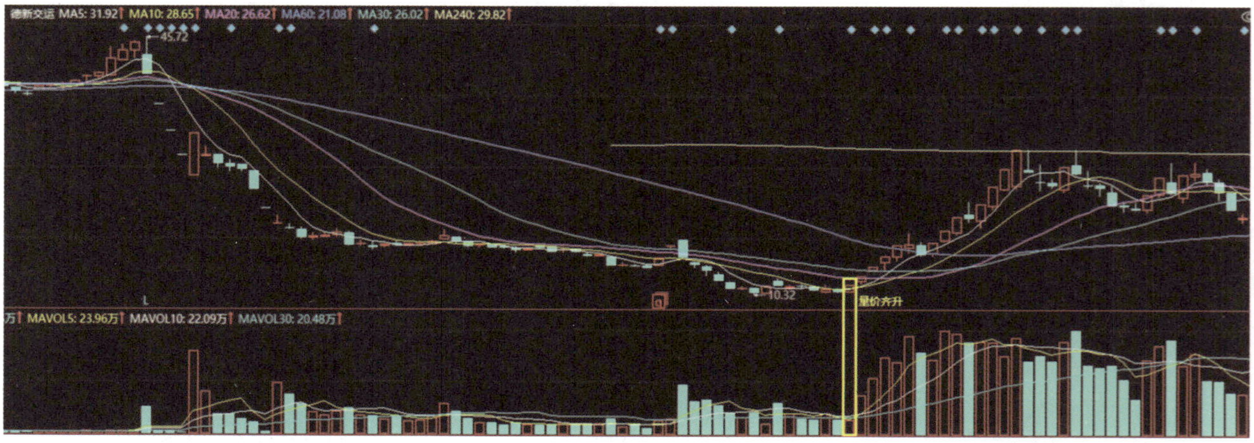

2. 涨停板连板战法的买入时机

股票出现第一个涨停板后，第二天开盘如果股价跳空高开，且在集合竞价时量能表现充足，可以在集合竞价时以现价挂单买入。但是，买入数量不能太多，等开盘后看股价是否会有回撤打出下影线。如果股价回撤，则在回撤不填全跳空缺口时买进。

如图所示，德新交运(603032)的K线图中，股价经过一段时间的持续下跌后，在底部形成小W底部形态。股价在2018年8月20日强势上涨，并以大单封死涨停板。第二天股价跳空高开在W底部形态的颈线位置，开盘后稍微有所下探，未能封闭缺口，随后股价便快速拉升，并再次封死涨停板。

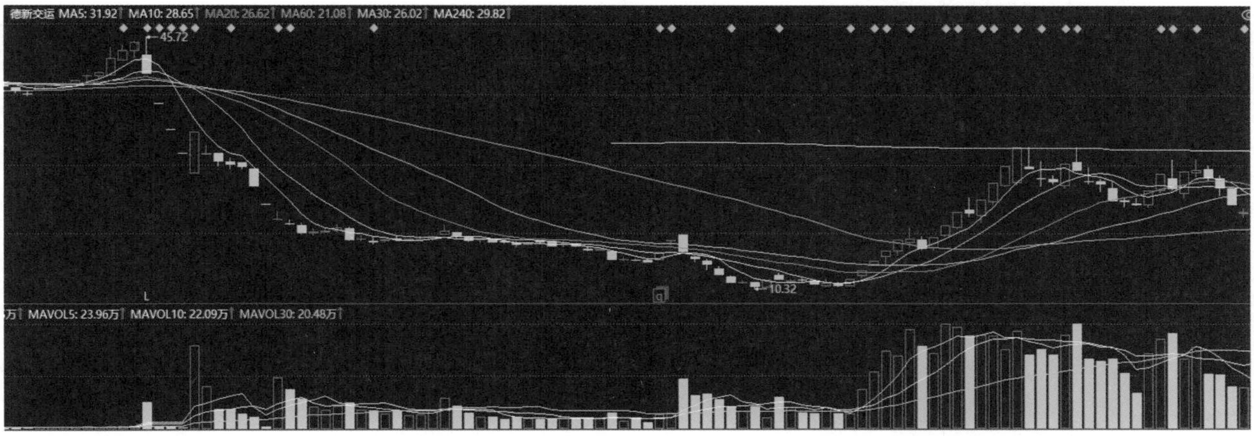

战 法 笔 记

战法笔记

七、长阳定底战法

长阳定底战法是指股价经过一段时间的持续下跌后，在某天出现一根大阳线筑底，大阳线通常为光头大阳线，如果股价当日能涨停最佳。

1. 长阳定底战法构成要点

（1）股价必须经过一段时间的持续下跌，并且近期出现急速下跌走势。

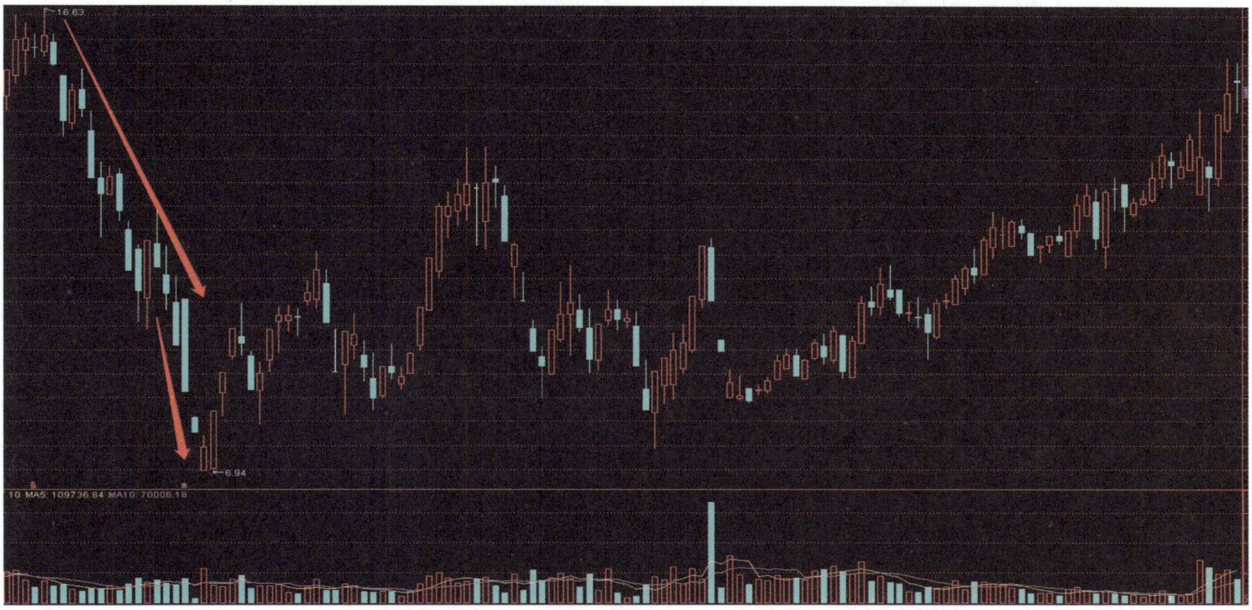

（2）股价上涨必须是一根大阳线，并且通常是光头阳线。

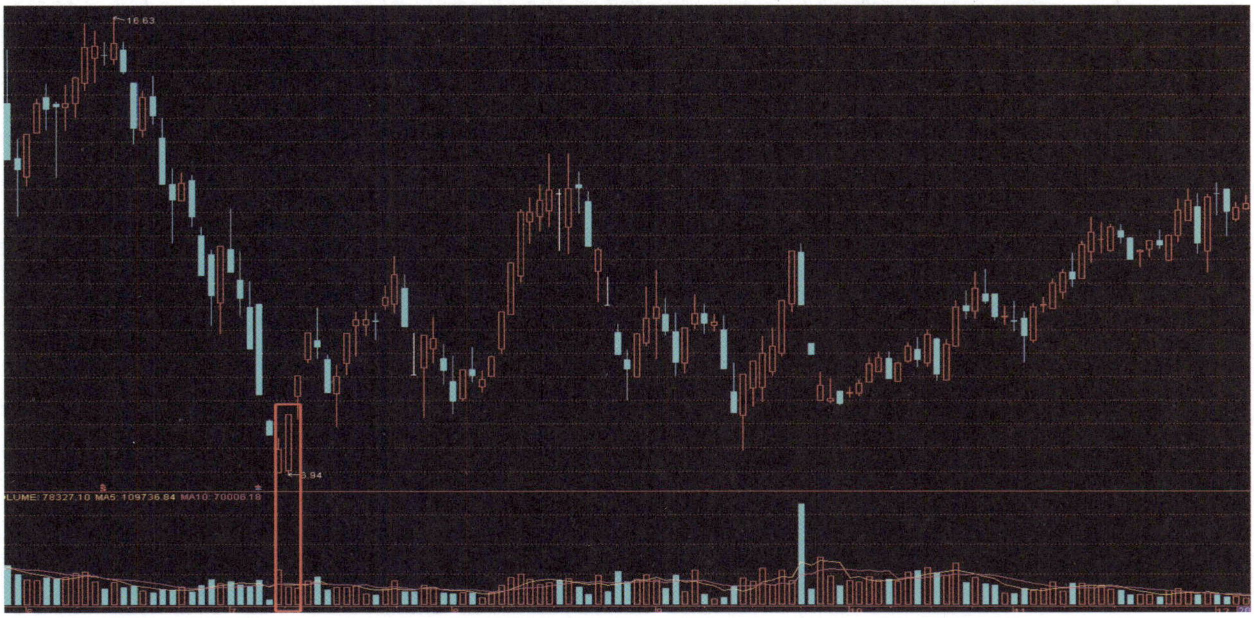

（3）收出光头大阳线后，第二个交易日股价跳空高开，且下探低点不能低于大阳线前一天阴线下跌的低点或前一根大阳线的1/2位置。

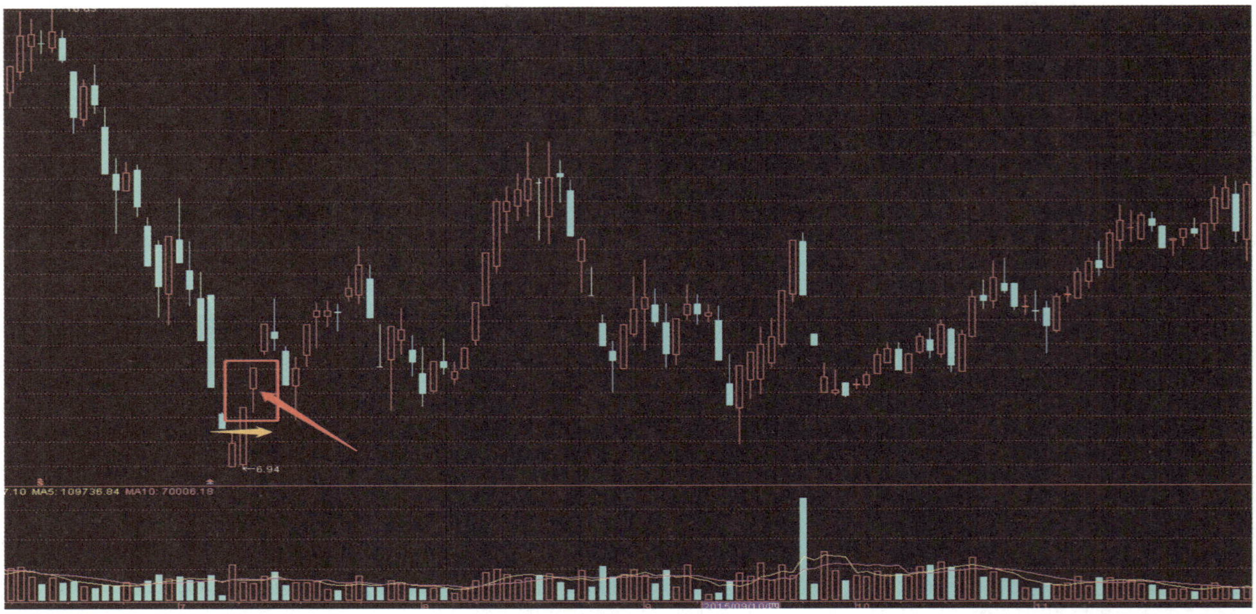

（4）大阳线上涨当日的成交量，一般比前一天杀跌的成交量少。

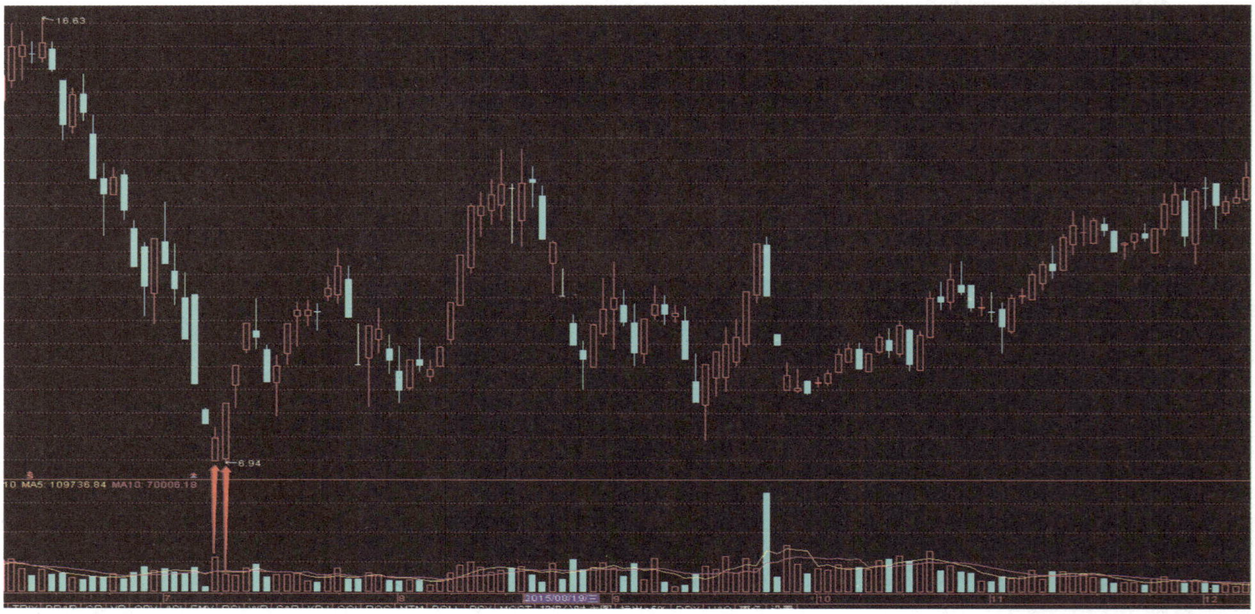

股价在连续下跌后出现一根光头大阳线，尤其是涨停阳线，很容易刺激市场人气，吸引更多投资者关注并买入。投资者大都在出现大阳线的第二天买入股票，从而推动股价上涨。

2. 长阳定底战法的买入时机

（1）出现长阳定底当天，在股价强势上涨阶段，基本可以确定收盘会收成长阳实体K线时买入。

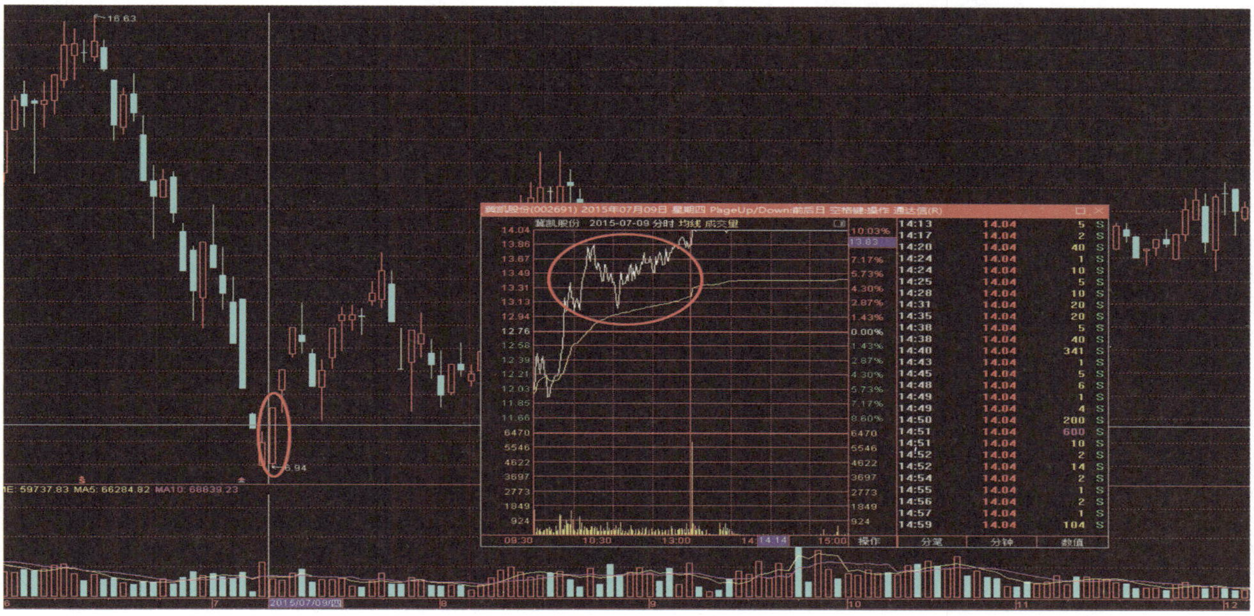

（2）出现长阳定底的第二天，开盘后股价低开高走或高开高走时买入。如果盘中股价出现回落，可以在回落不超过前一天长阳定底K线的1/2位置买入；如果下跌超过 1/2 位置则不要买入，以防前一天的长阳定底失败。

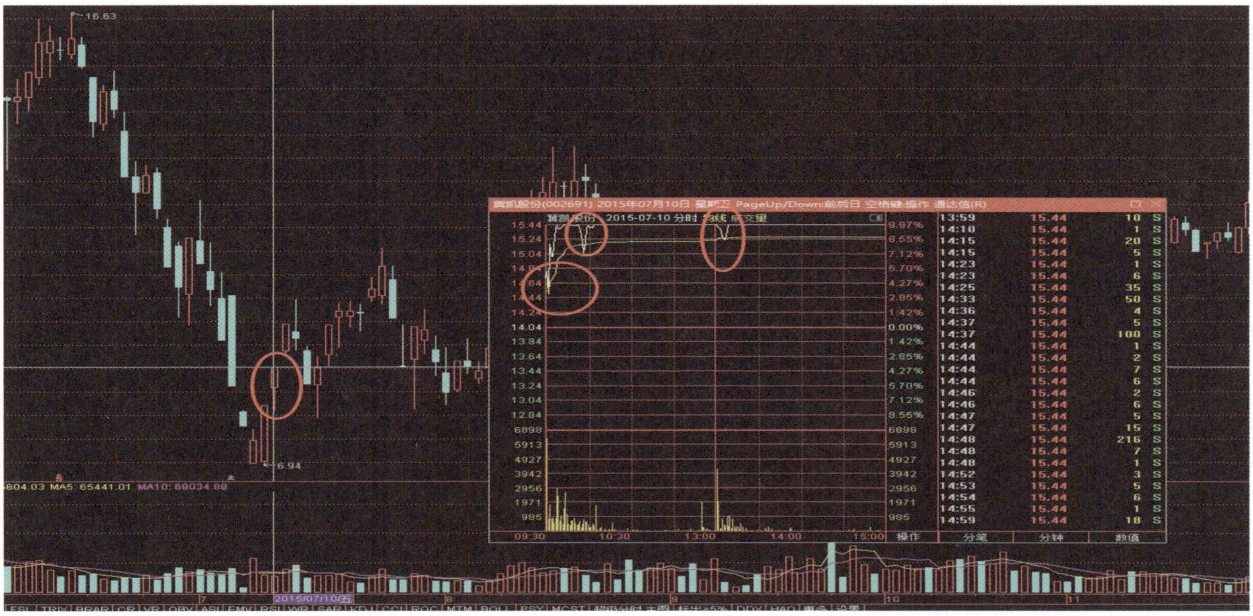

如图所示，冀凯股份（002691）的K线图中，股价经过一段时间的下跌，2015年7月9日微幅高开后，经过小幅下探，随后买盘增加，推动股价快速上涨并封死涨停，K线收出一根长阳线，结束下跌行情。第二天股价高开回落后继续冲高上涨。

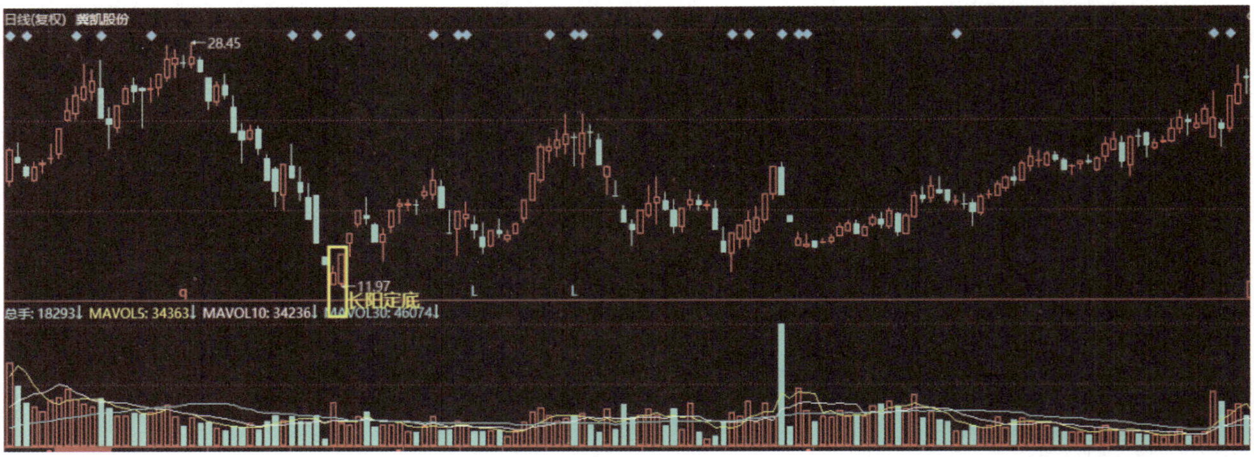

战法笔记

八、单针探底战法

单针探底形态由单根带长下影线、实体较短的K线形成，K线可以是阳线也可以是阴线，是行情止跌反转的信号。这种形态出现在下跌趋势末端。股价经过一段时间的持续下跌，某天开盘后深幅下跌，随后股价又震荡回升，收出一根带长下影线的 K 线。这种情况一般预示着空头力量衰竭，多头即将展开反攻。

当单针探底形成后，多头逐渐掌握市场主动权，后市将会逐步展开上涨行情。如果后市行情震荡下行，跌破单针探底的低点，则单针探底失败，行情重回下跌趋势。前面单针探底时买入的投资者需尽早卖出，离场观望。

1. 单针探底战法构成要点

（1）股价前期必须经过一段时间的持续下跌走势。

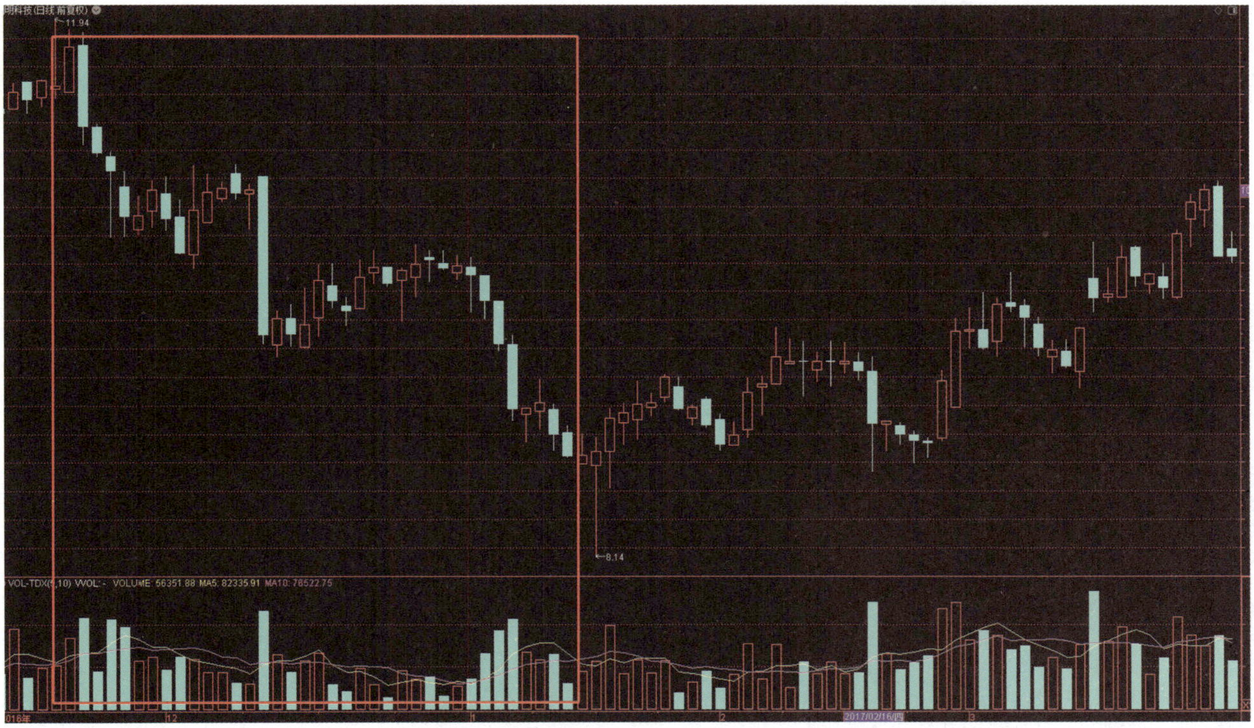

（2）股价当日开盘出现大幅下跌后震荡回升，收盘收出带长下影线的 K 线，下影线越长，定底效果越强。

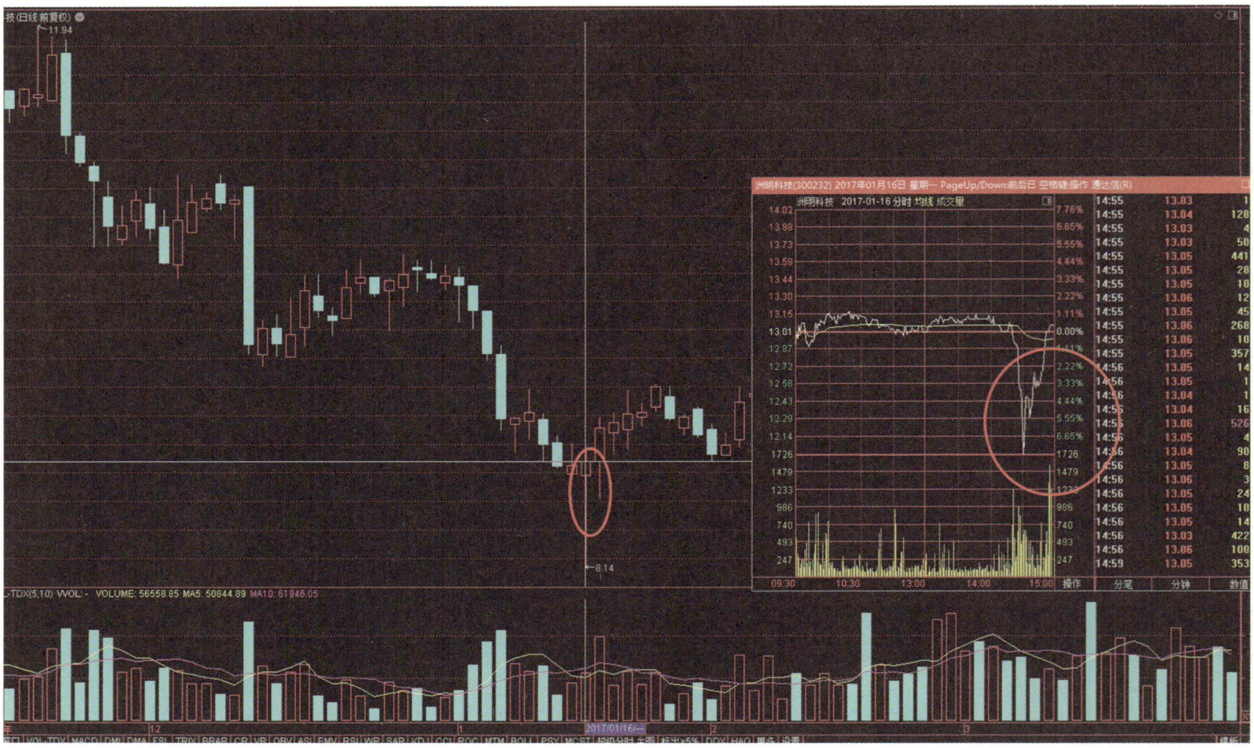

（3）单针探底K线形成后的第二天，股价下跌的低点不能低于单针探底前一天阴线下跌的低点。如果第二天股价放量上涨，则探底效果较强。

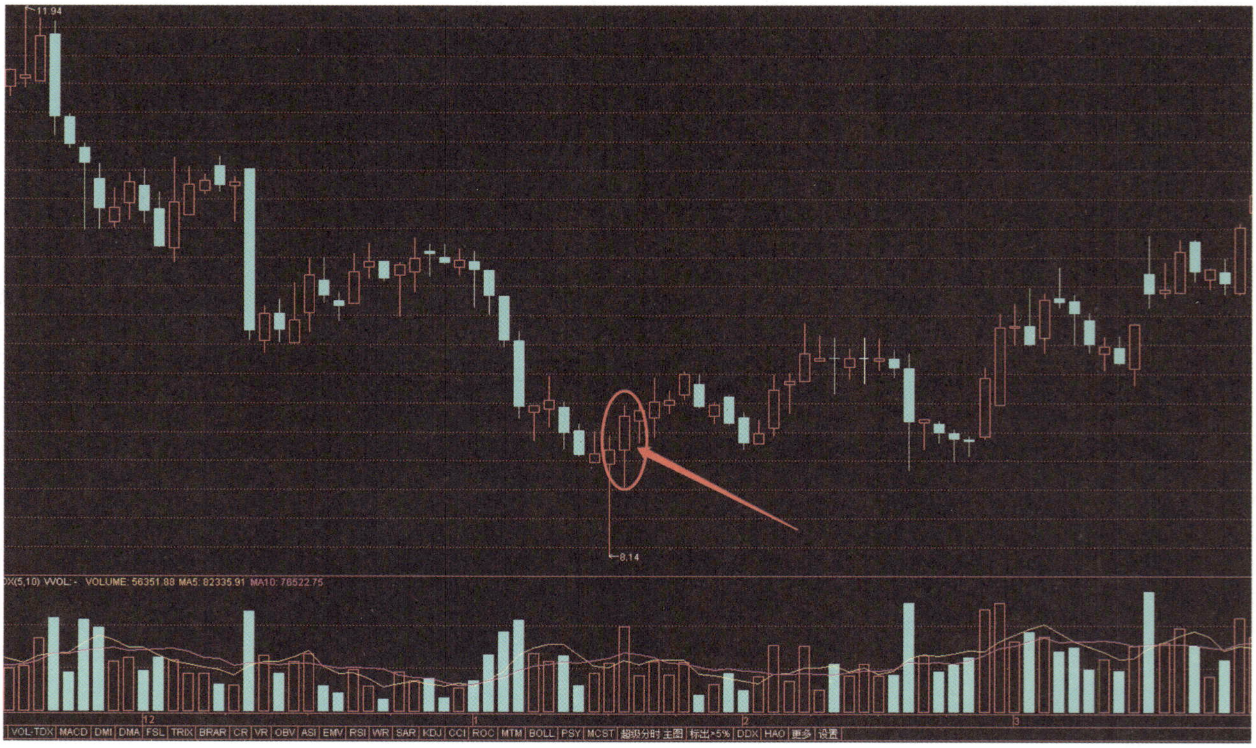

（4）股价形成单针探底当天的成交量，一般比前一天下跌时的成交量少，形成股价低点见地量状态。

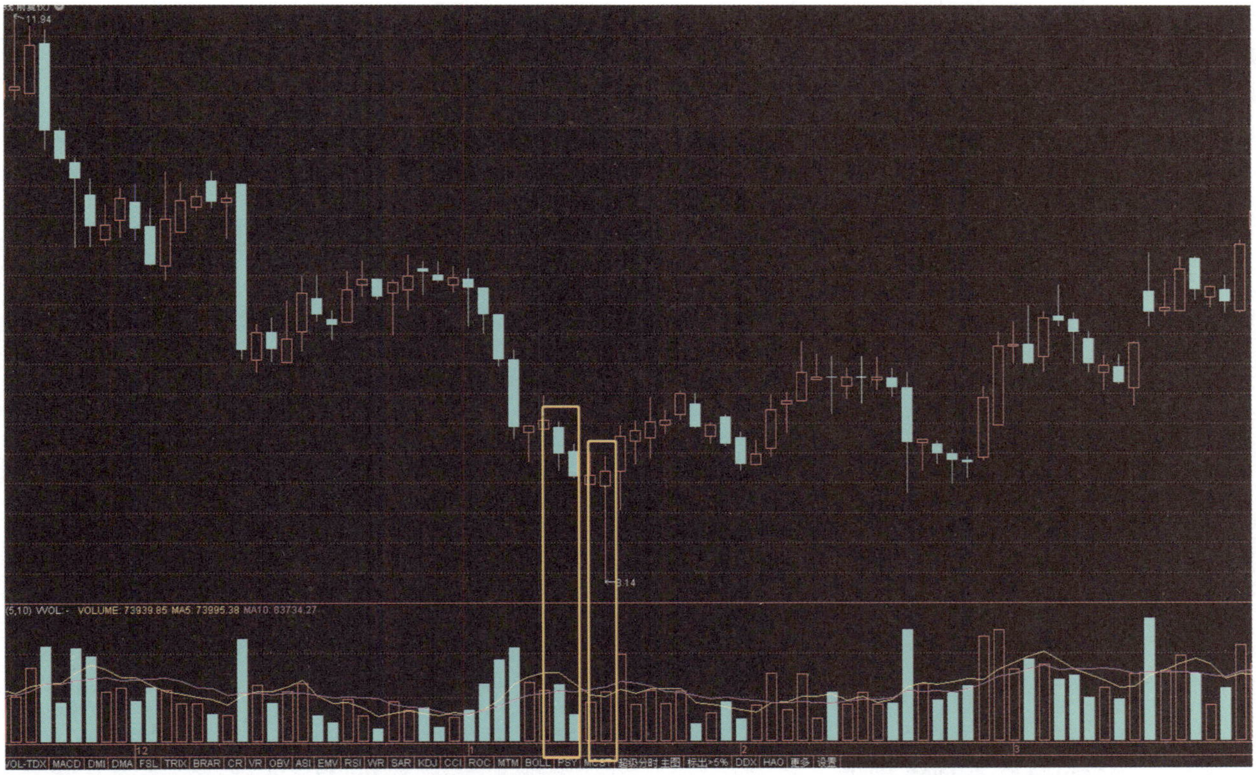

2. 单针探底战法的买入时机

（1）出现单针探底当天，在尾盘阶段，基本可以确定收盘会收成带长下影线的实体K线时买入。

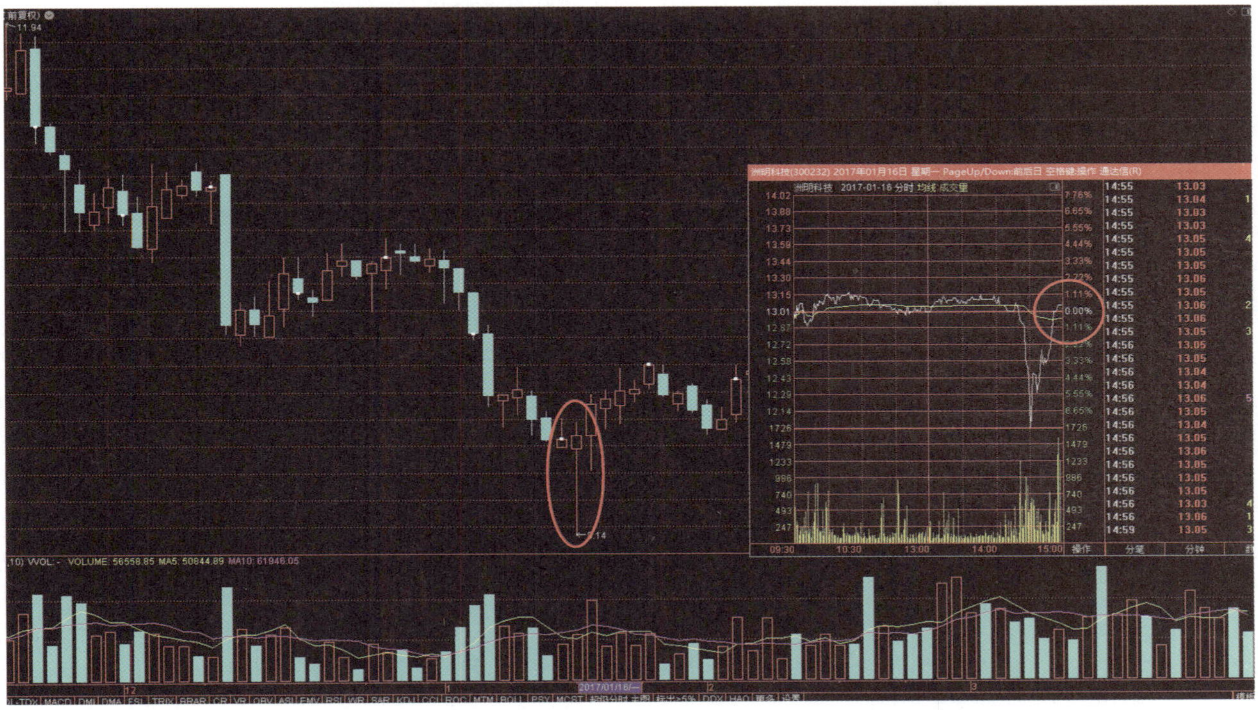

（2）出现单针探底的第二天，开盘后股价低开高走或高开高走时买入。如果盘中股价出现回落，可以在股价回落不超过前一天单针探底的1/2位置买入；如果下跌超过1/2位置则不要买入，以防前一天的单针探底失败。

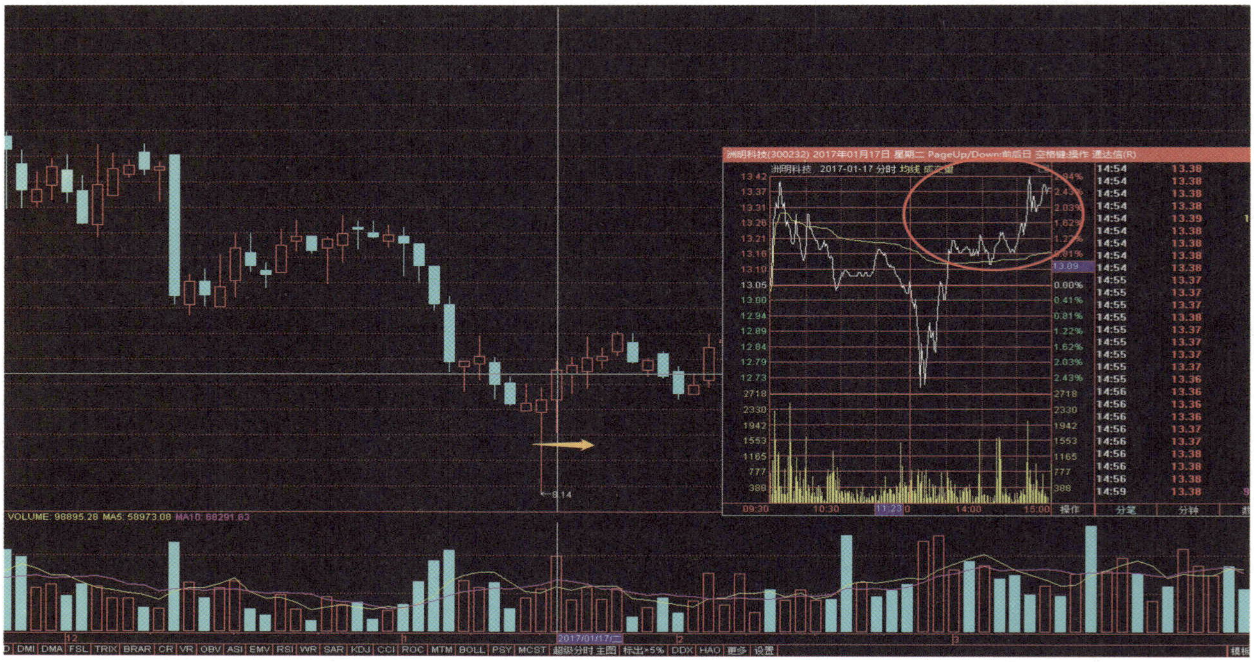

如图所示，洲明科技（300232）的K线图中，股价经过一段时间的连续下跌，在2017年1月16日微幅低开后开始缓慢上涨。股价上涨途中受到强大的抛盘压力，导致股价反转快速下跌。当股价大幅下探后，买盘迅速增加，使得股价又快速回升。收盘时收出带长下影线阳K线，图形上看起来就像一根长针扎在那里，形成单针探底形态，其后在短期内股价呈逐步上涨走势。

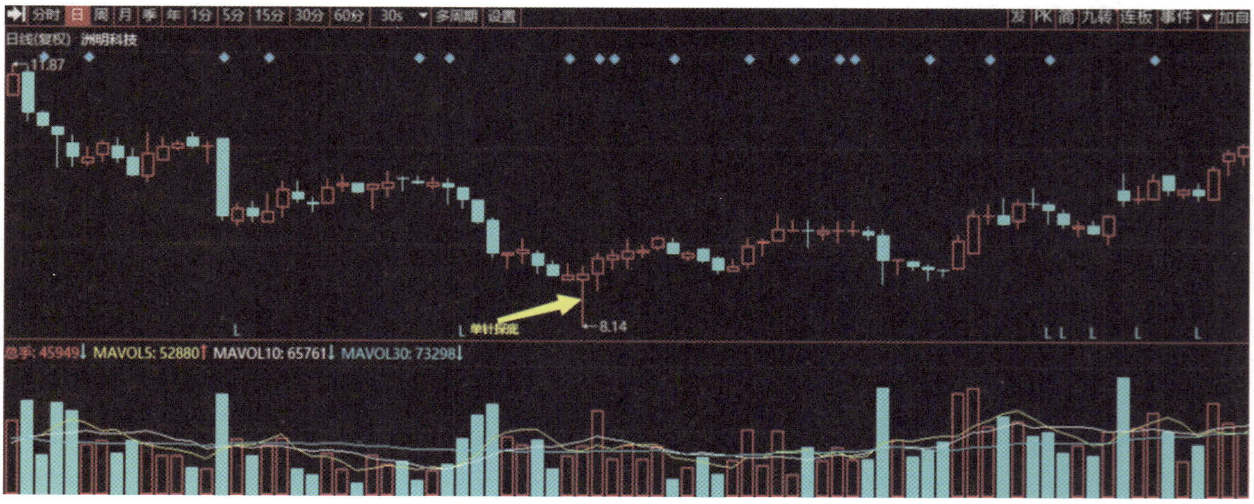

九、海底捞月战法

海底捞月战法也是在实战中经常出现的一种经典抄底战法。这种战法虽然不能保证买在股价最底部，但基本买在股价相对底部位置。海底捞月战法是指股价经过长时间的持续下跌后，出现连续横盘整理走势，股价整理一段时间后，突然快速下跌，随后开始缓慢上涨，再次涨到前期横盘整理位置，稍作休整后开始突破前期盘整区间上涨。

1. 海底捞月战法构成要点

（1）股价必须在长期下跌后经过一段时间的横盘整理。

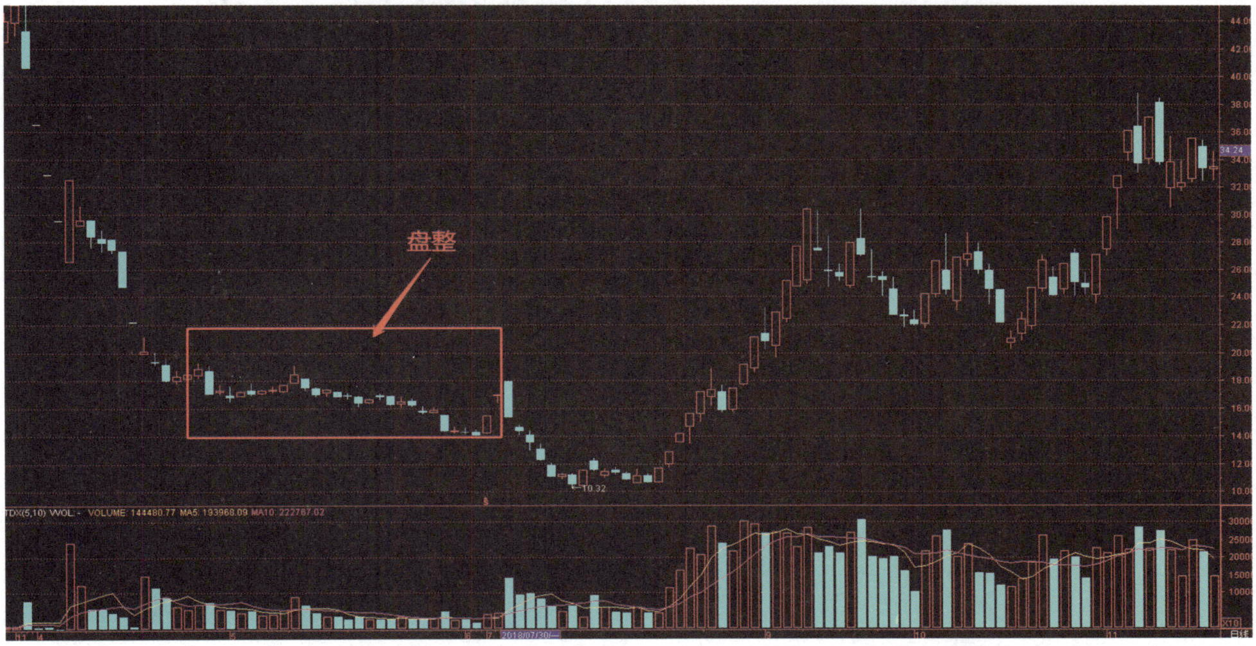

（2）股价经过一段时间整理后突然出现加速下跌走势，也就是所谓的挖坑走势。

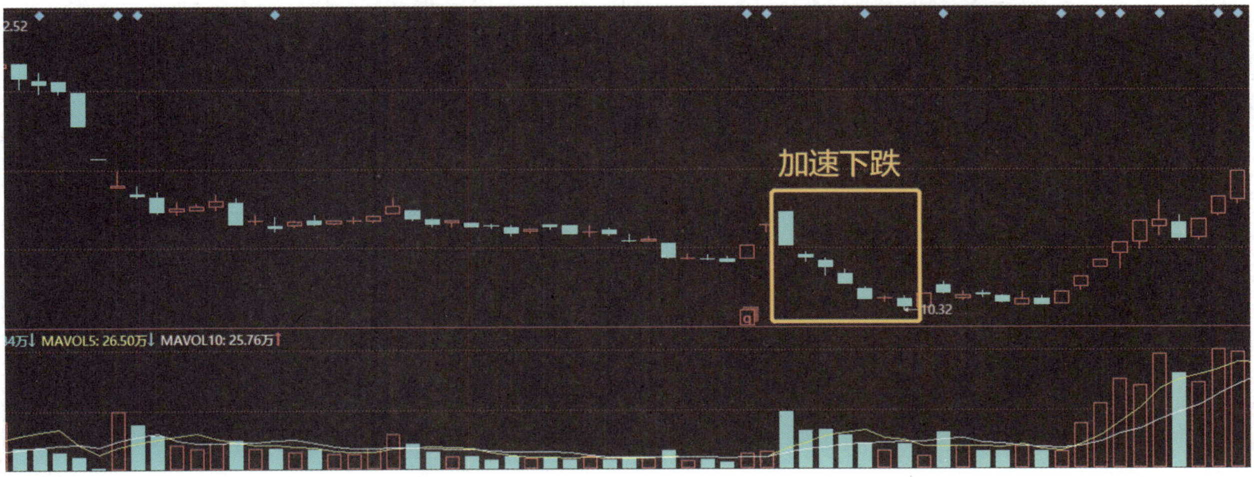

（3）股价小幅下跌后，再度缓慢上涨至前期横盘区间位置，也就是所谓挖坑后的填土走势。

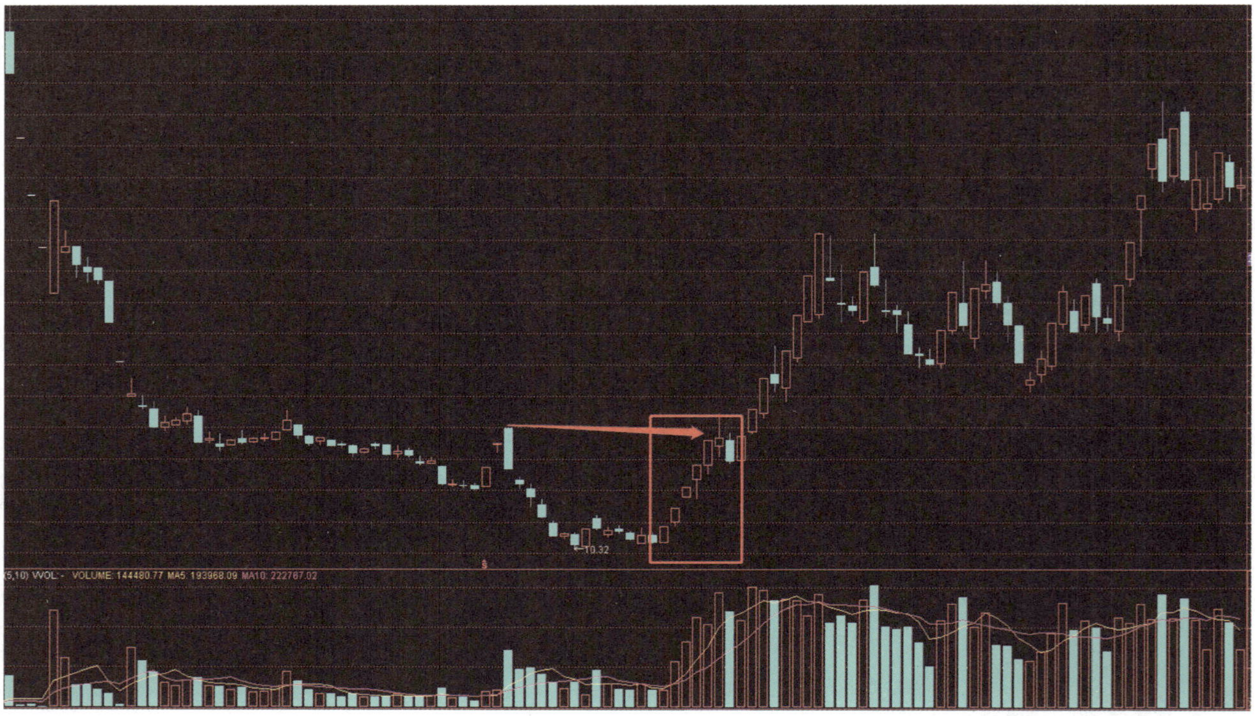

（4）股价在横盘整理后的下跌过程中量能逐步减少，在随后的缓慢上涨过程中量能逐步增加。

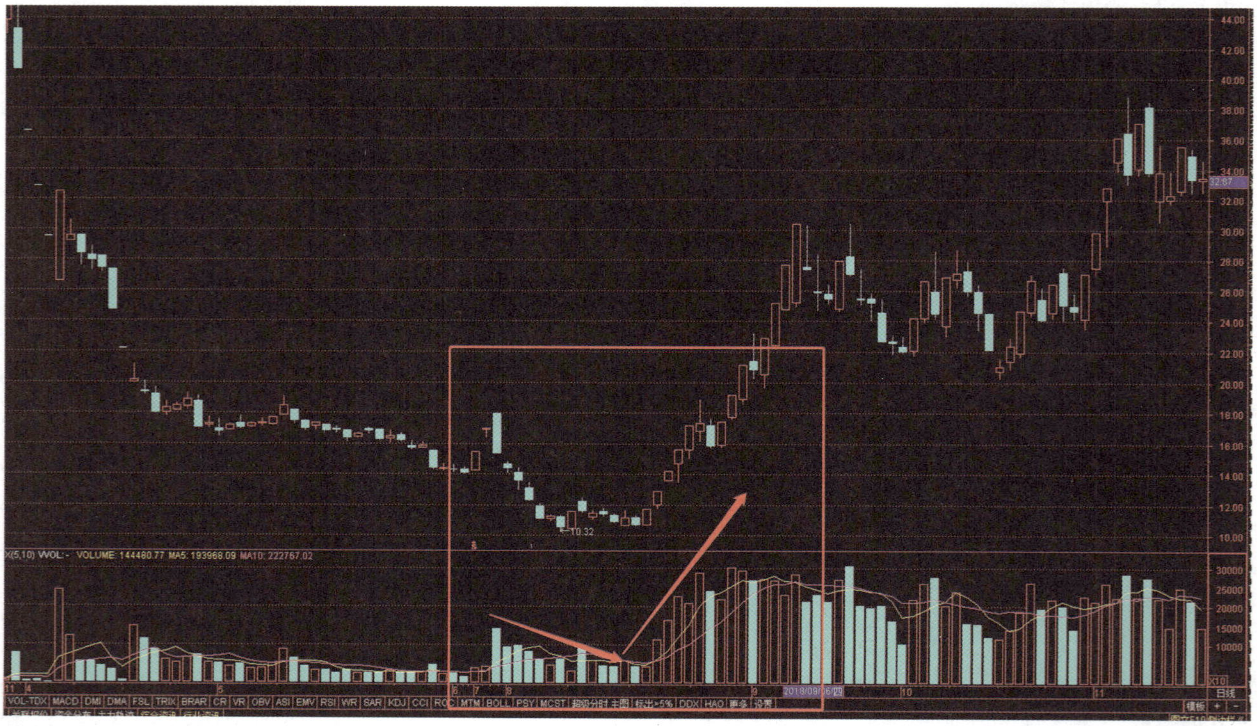

（5）股价回到前期横盘整理区间后，经过短暂的横盘休整开始逐步上扬，并突破横盘整理区间上涨。

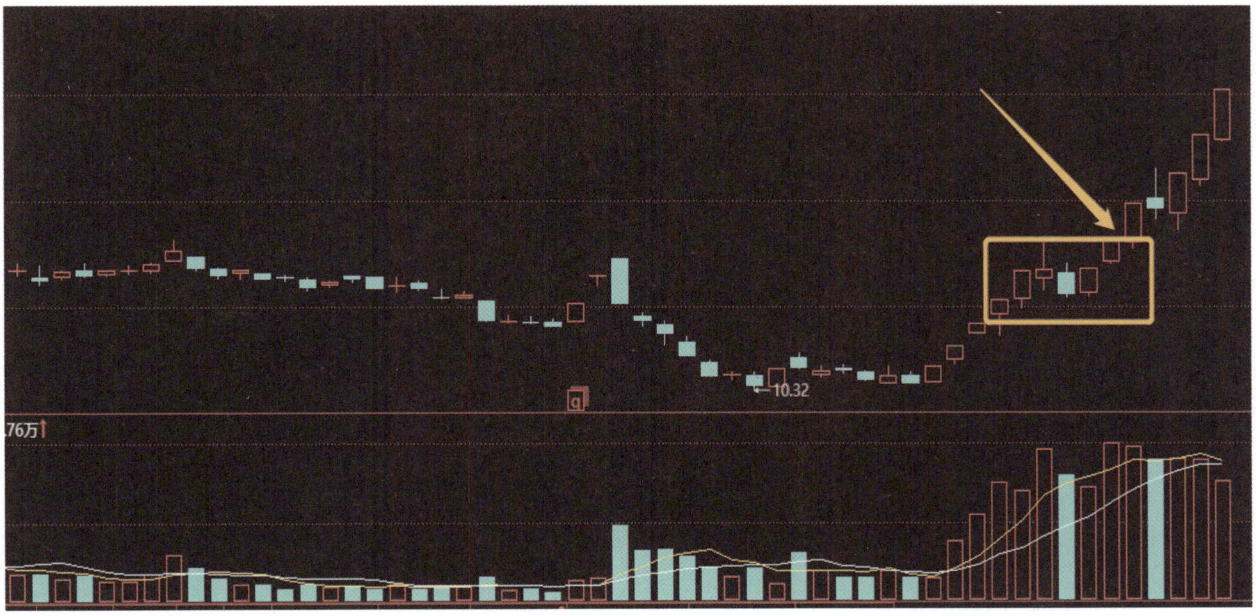

2. 海底捞月战法的买入时机

（1）股价经过一段时间的横盘整理，在快速下跌之后的二次横盘整理期间买入。

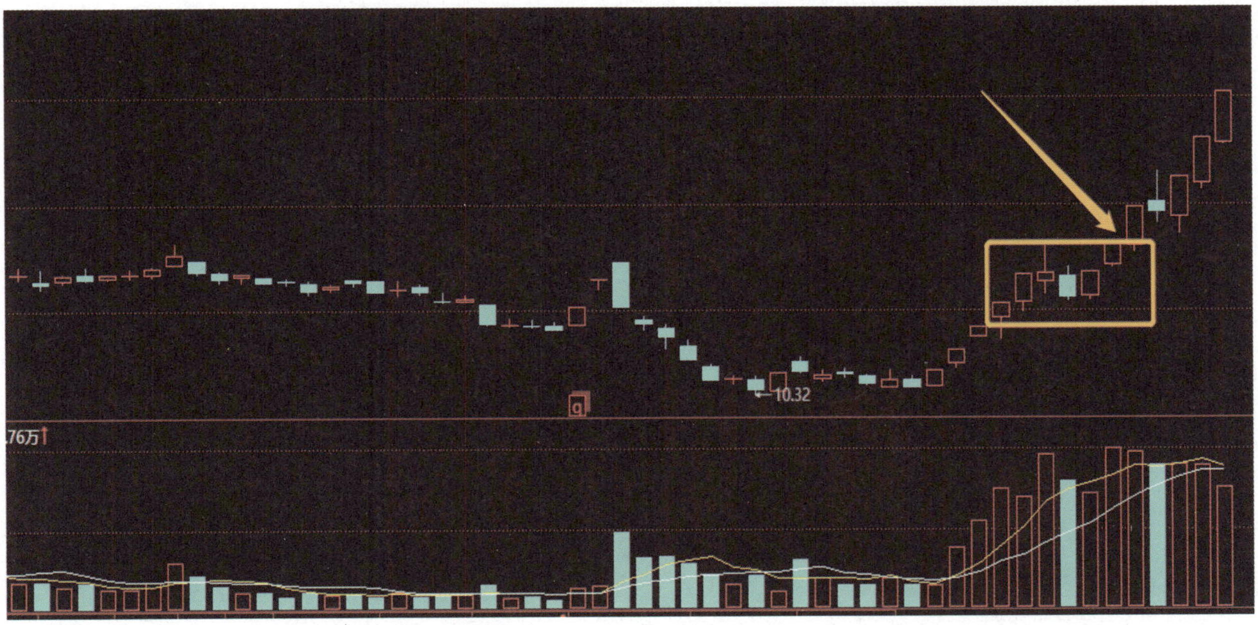

（2）股价加速下跌经过二次横盘，再度上涨至前期横盘位置，且上破前期横盘位置高点时买入。

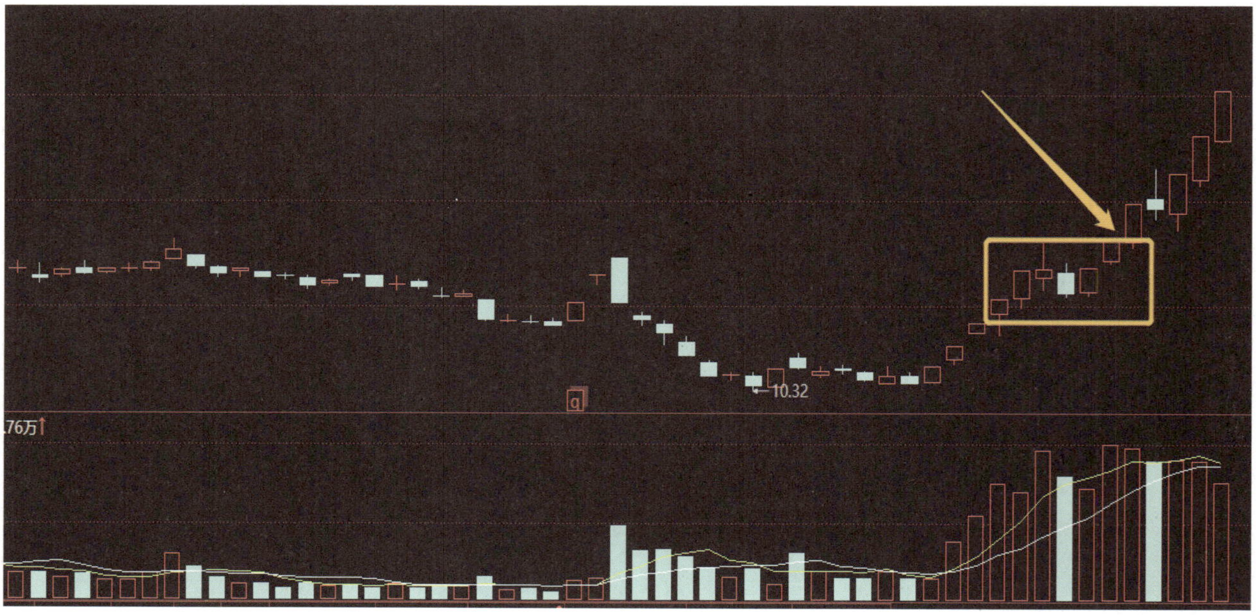

（3）如果股价突破前期横盘震荡位置高点上涨后出现回撤，在回撤至前期横盘震荡位置高点附近时买入。

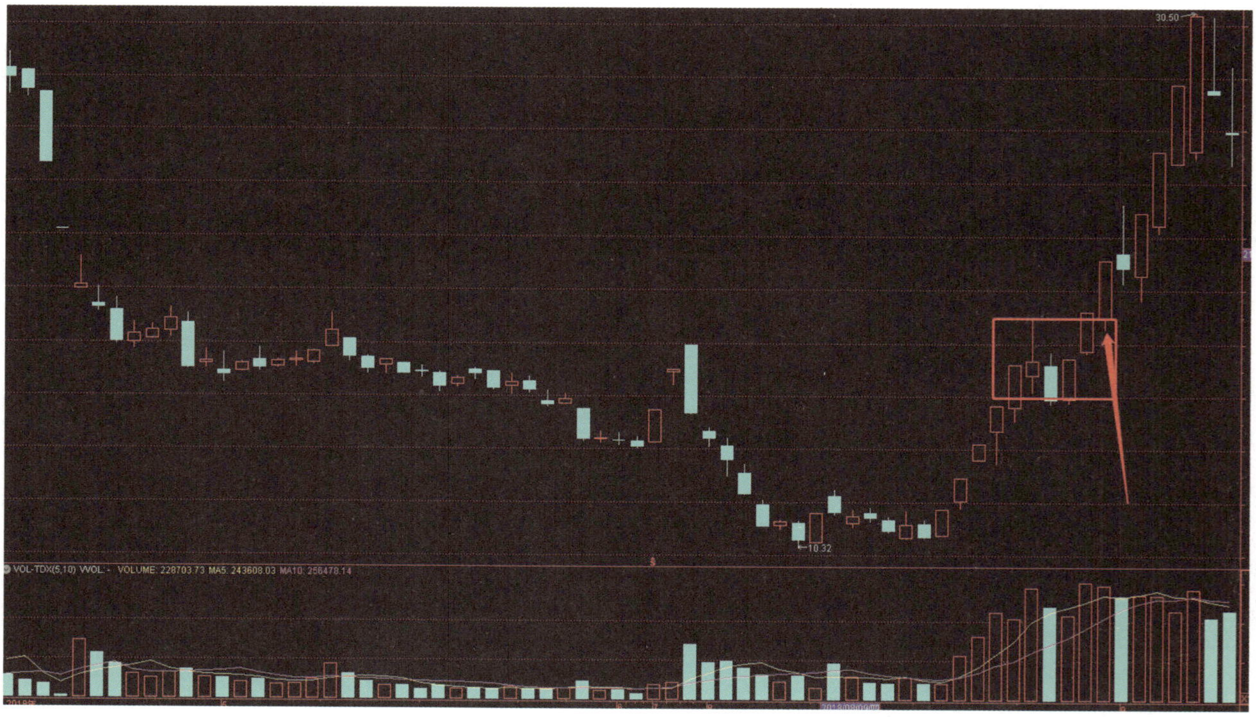

在海底捞月战法中，当股价挖坑填土后，横盘阶段便是逐步买入阶段。其实，股价横盘后下跌挖坑的过程，一般就是主力洗掉意志不坚定浮筹的过程，投资者很少在这段时间买进股票。随后股价开始缓慢上涨，这也是主力在洗掉没有耐心的那部分投资者之后，为了在低位时不被市场关注，主力有意选择缓慢上涨至前期横盘区间位置。当股价再次回到横盘区间位置缓步上扬后，一旦突破横盘整理区间，股价便会加速上涨。

如图所示，德新交运（603032）的K线图中，股价经过一段时间的横盘整理后，突然出现快速下跌走势。经过短暂横盘后又快速上涨，并且很快突破前期横盘的高点，之后持续上涨。

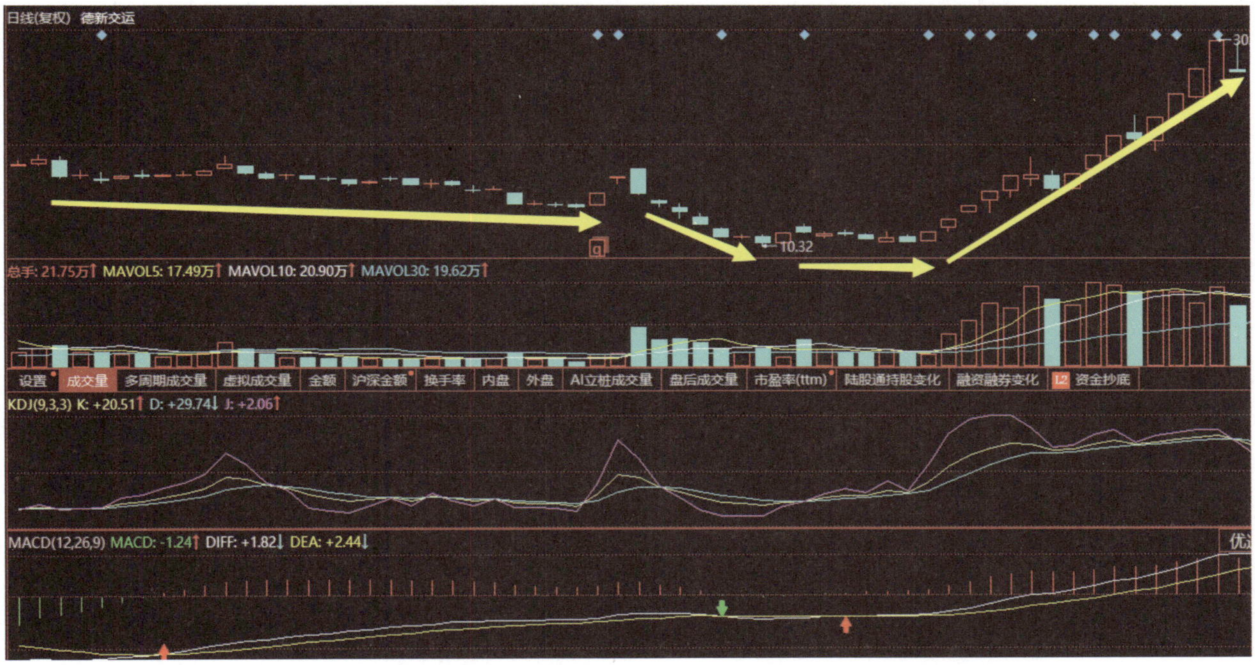

战法笔记

战 法 笔 记

十、日出东方战法

日出东方战法在实战操作中十分常见，它是指股价经过长期下跌或一轮上涨后，开始一段时间的横盘整理，横盘整理期间的高点构筑成一个平台。后期股价逐步走高，量能逐步放大。某天股价收出光头中阳线或大阳线，收盘价在盘整区间的顶部位置附近。第二天股价跳空高开突破盘整区间，同时放量高开高走。如果出现高开低走，低点不能填补高开缺口，其形态结构就像刚跳出海平面初升的太阳。

1. 日出东方战法构成要点

（1）股价经过一段时间的下跌或上涨后横盘整理，且整理区间高点构筑成一个平台。

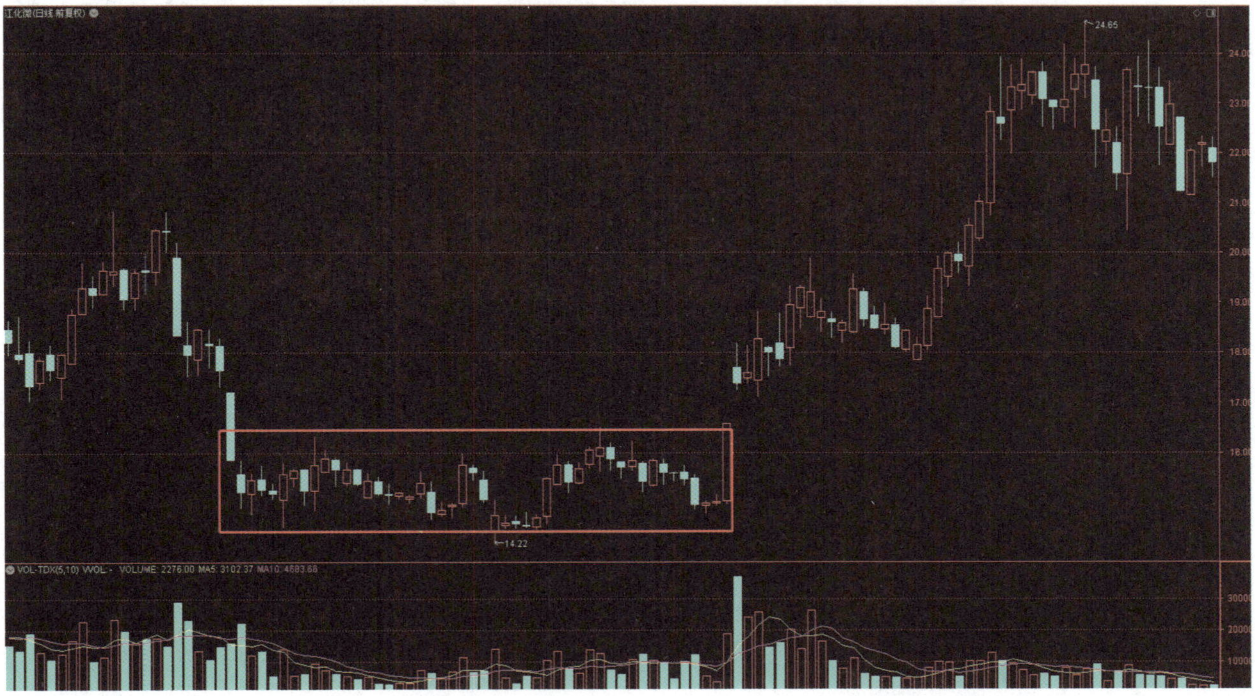

（2）股价突破上涨的前一天必须以光头中阳线或大阳线收盘（以当日涨停收盘为最佳），并且收盘位置需在整理区间上方顶部位置附近。

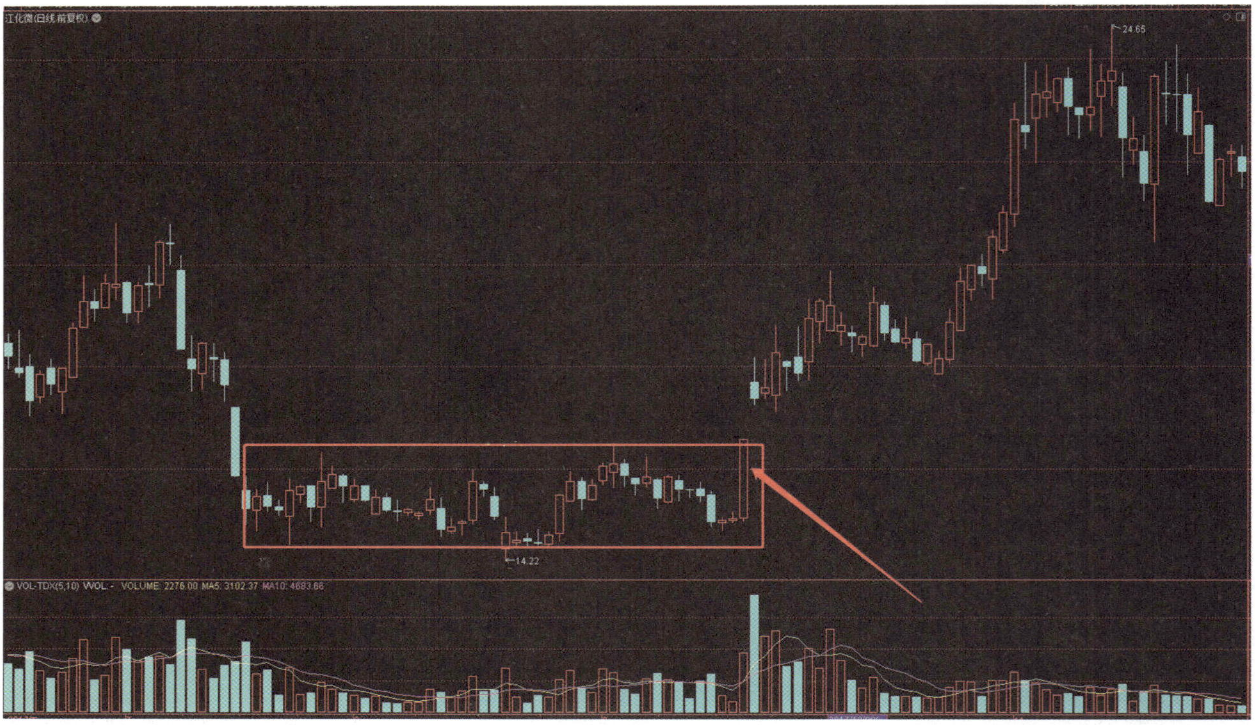

（3）突破盘整区间时，必须是跳空高开，并且是高开高走。就算有回撤，也不能回补缺口。

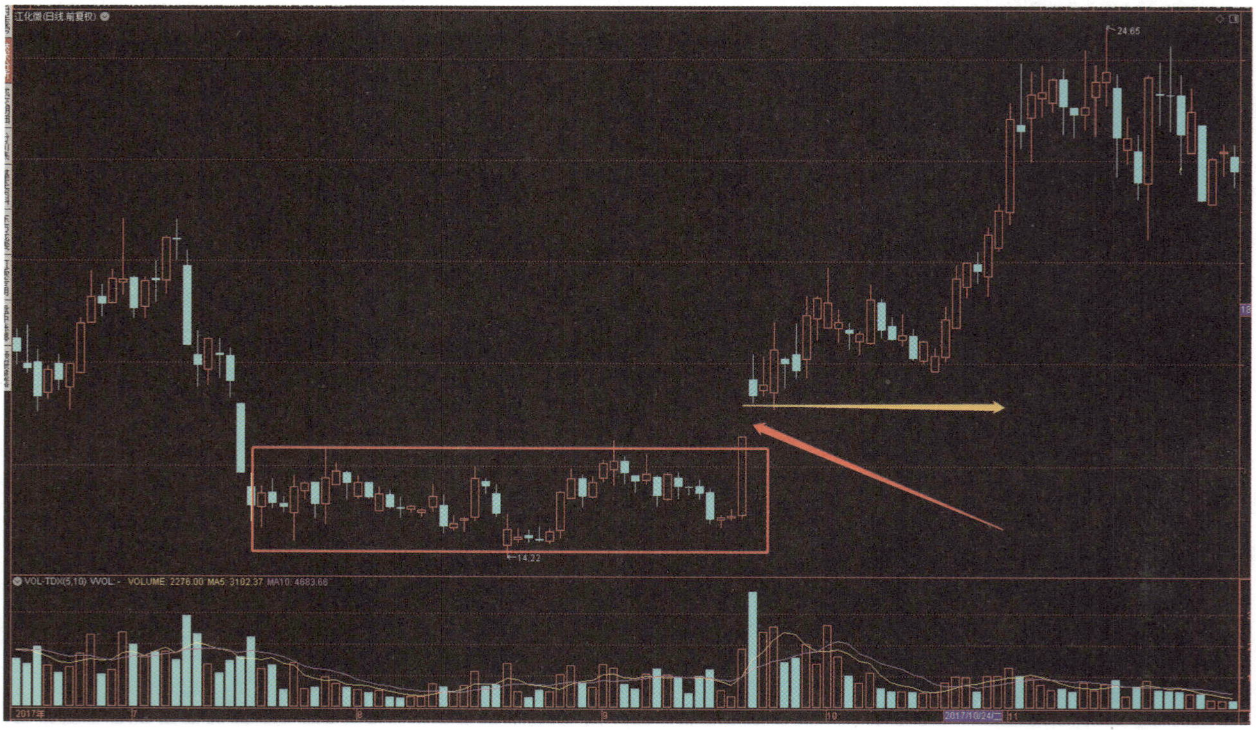

（4）股价上涨必须伴随着成交量的持续增加。

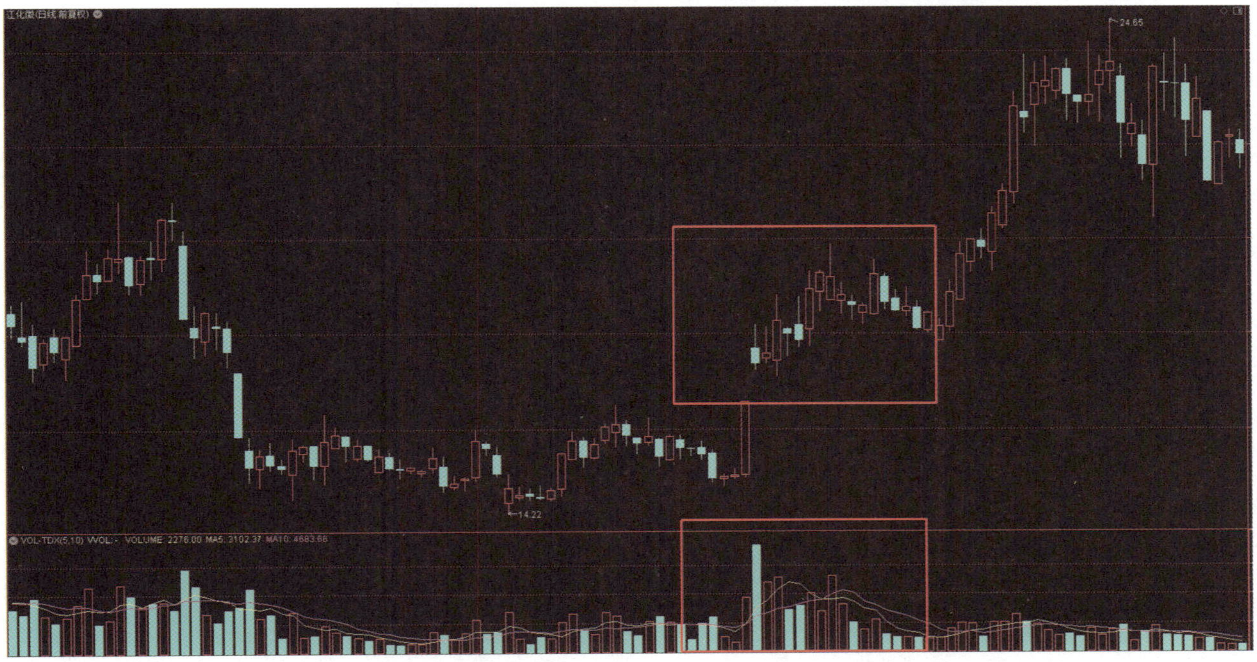

（5）股价短期均线呈现金叉状态。

日出东方战法中，第一天股价强势大涨并且收盘在平台突破边缘时，很容易积累大量人气。很多投资者喜欢这样的形态，选择在第二天开盘后买入的投资者较多，因此容易推动价格上涨。偶尔会有一些超短线机构投资者利用这种形态引诱散户在第二天买入，这些超短线机构投资者则在第二天顺利获利出局。

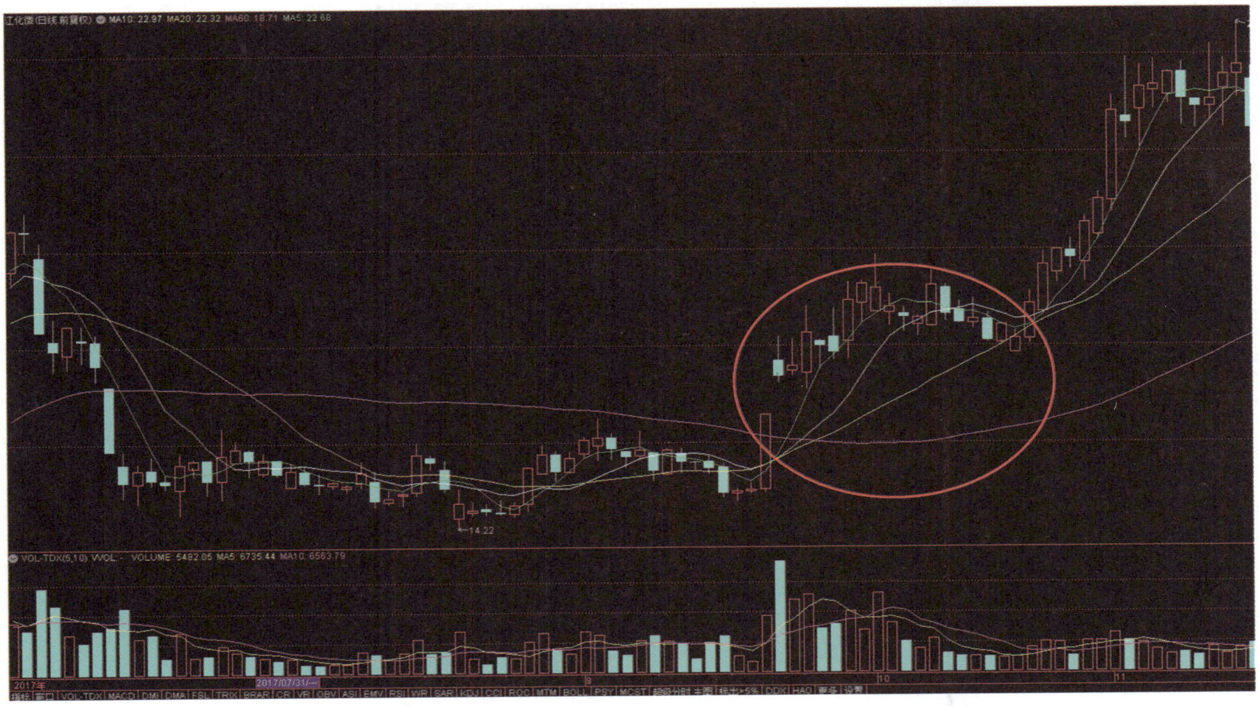

2. 日出东方战法的买入时机

（1）当股价出现强势上涨时，在K线收光头大阳线的尾盘买入。如果股价出现涨停板，则在涨停前买入。

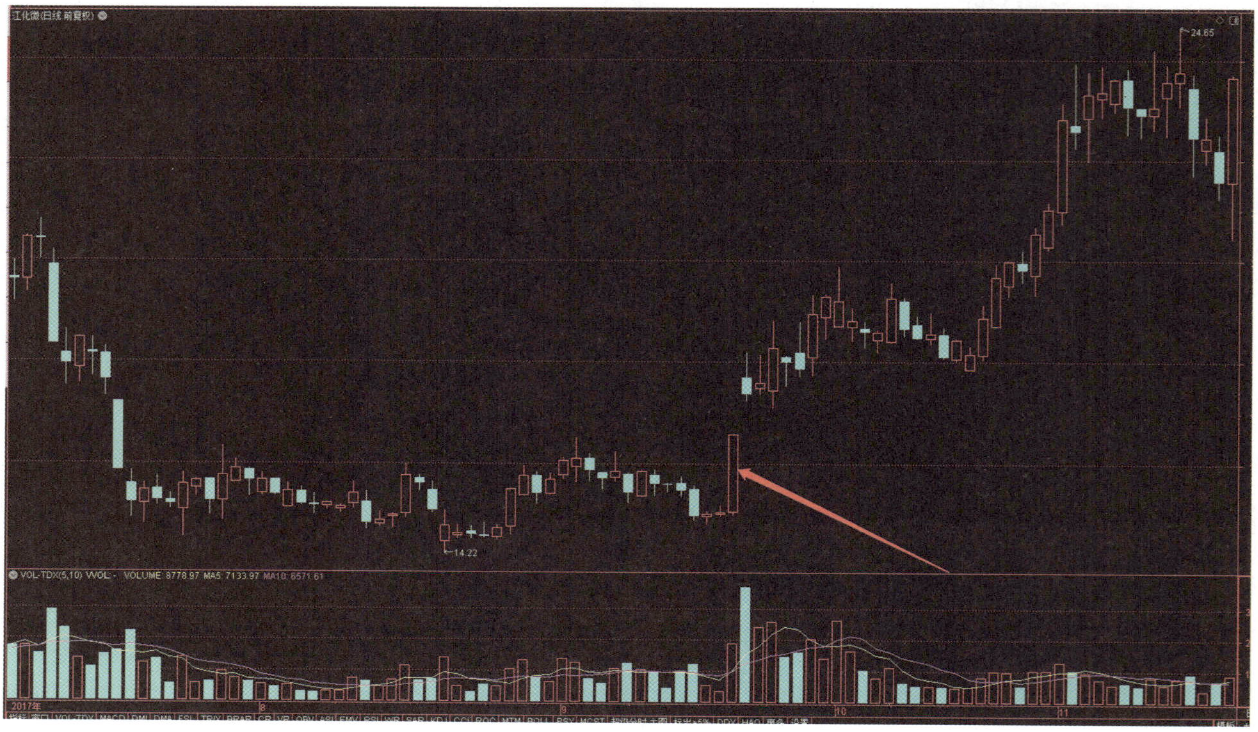

（2）在K线出现光头长阳的第二天股价高开后，回撤不回补缺口时买入。

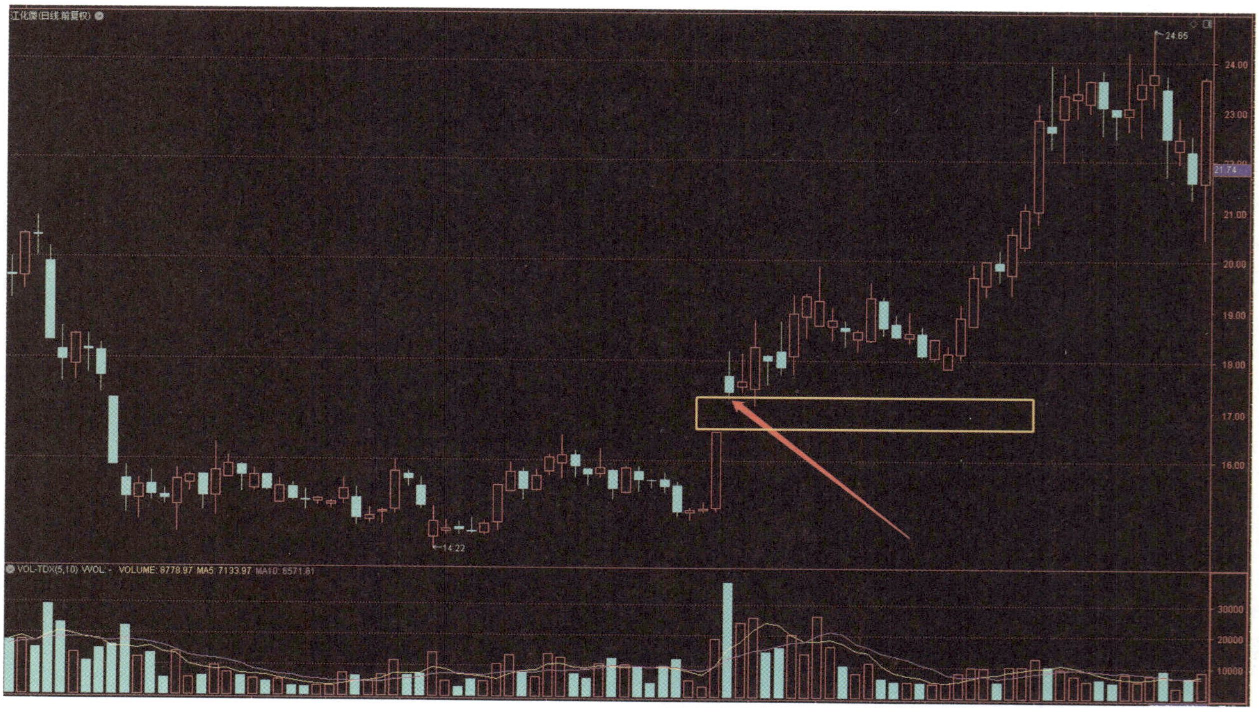

（3）在股价突破上涨一段距离后，回踩至前期横盘震荡区间的高点位置附近买入。

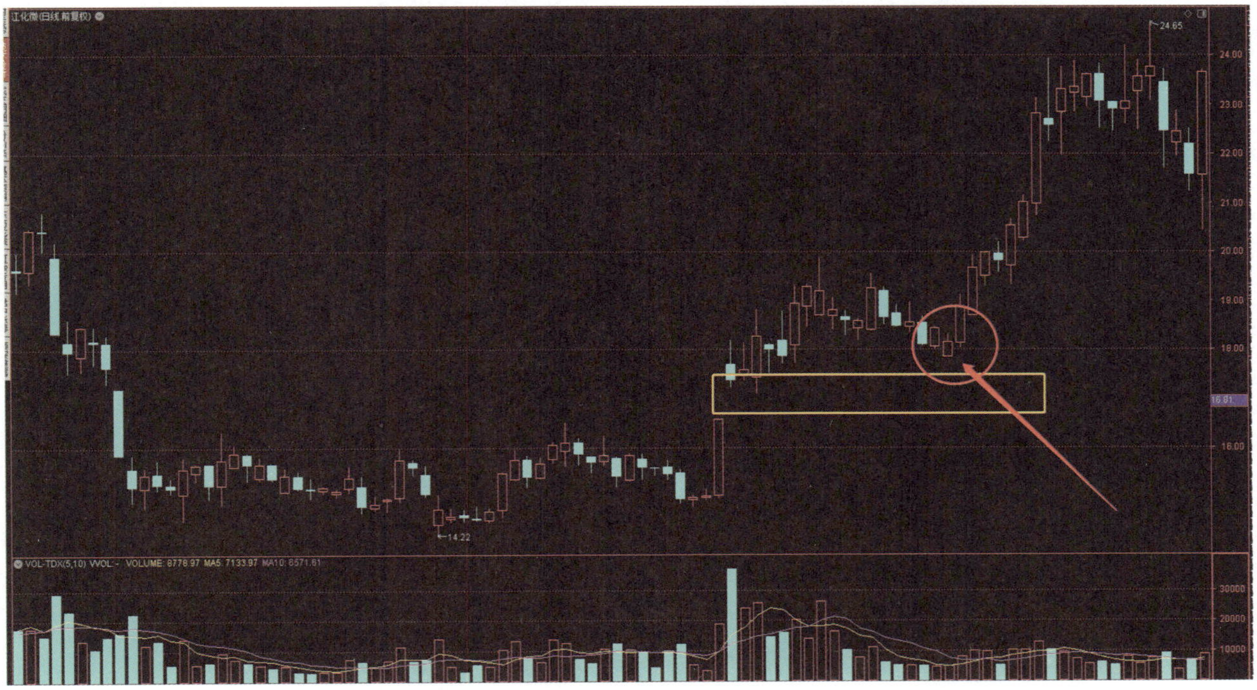

如图所示，江化微（603078）的K线图中，股价经过一段时间下跌后，形成横盘整理走势。某天股价以一根大阳线上涨，将前面横盘期间的所有K线吞没，并且收盘时K线收光头阳线，收盘位置在前期横盘震荡区间的高点位置附近。第二天股价跳空高开，回落时不回补跳空缺口。其后短期内股价呈现持续上涨走势。

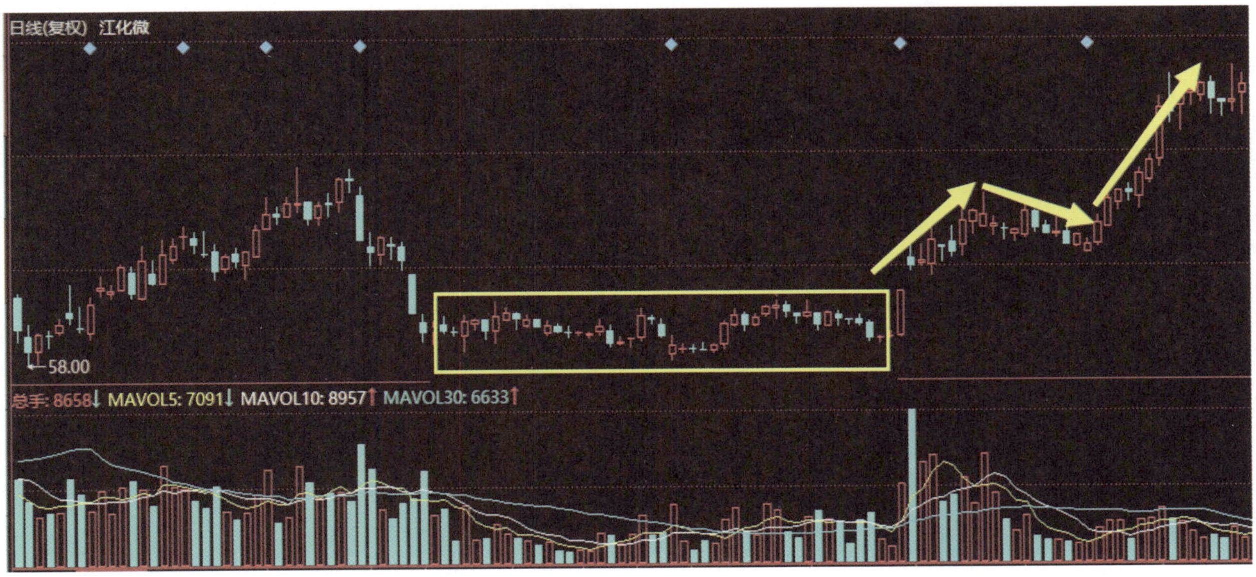

战法笔记

十一、舍子定底战法

舍子定底战法主要是利用 K 线走出舍子线形态时，判断行情完成筑底从而抄底买入的一种抄底战法。舍子定底战法是指股价经过一段时间的快速下跌后，突然出现跳空下跌，并且收出一根带长下影线的小阳K线，当天成交量呈现地量状态。第二个交易日股价再次跳空高开高走，收中阳线或大阳线，且成交量放大。

1. 舍子定底战法构成要点

（1）股价经过一段时间的快速下跌行情。

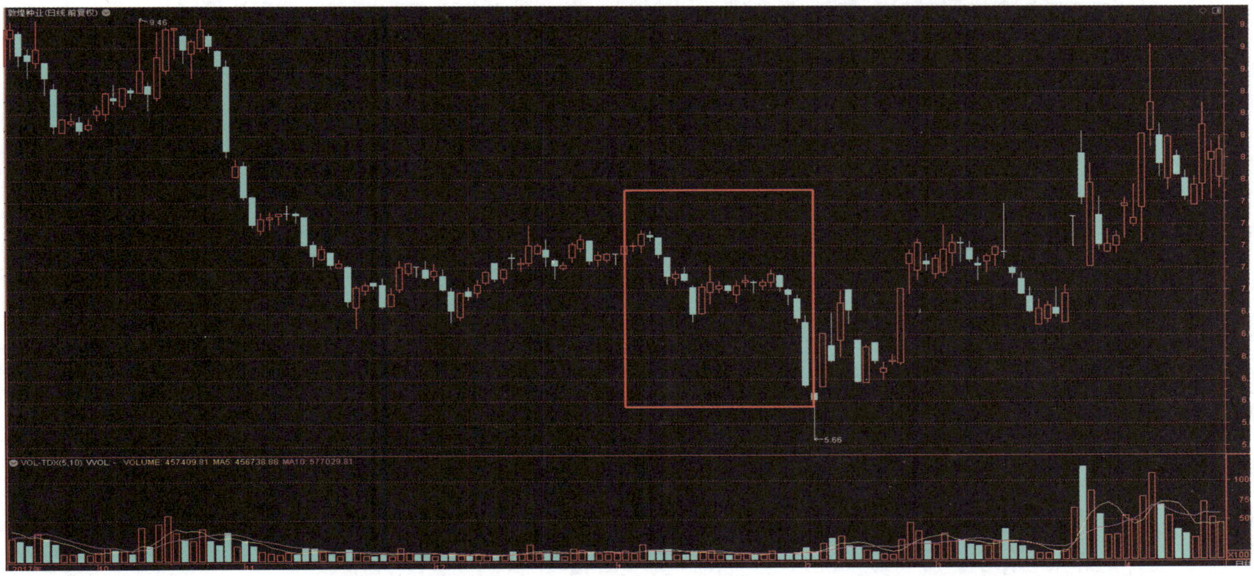

（2）股价出现跳空下跌，并且收出一根带长下影线的小阳 K 线或阴K线。K 线实体部分比较小，可以是十字星 K 线，也可以是锤子线。

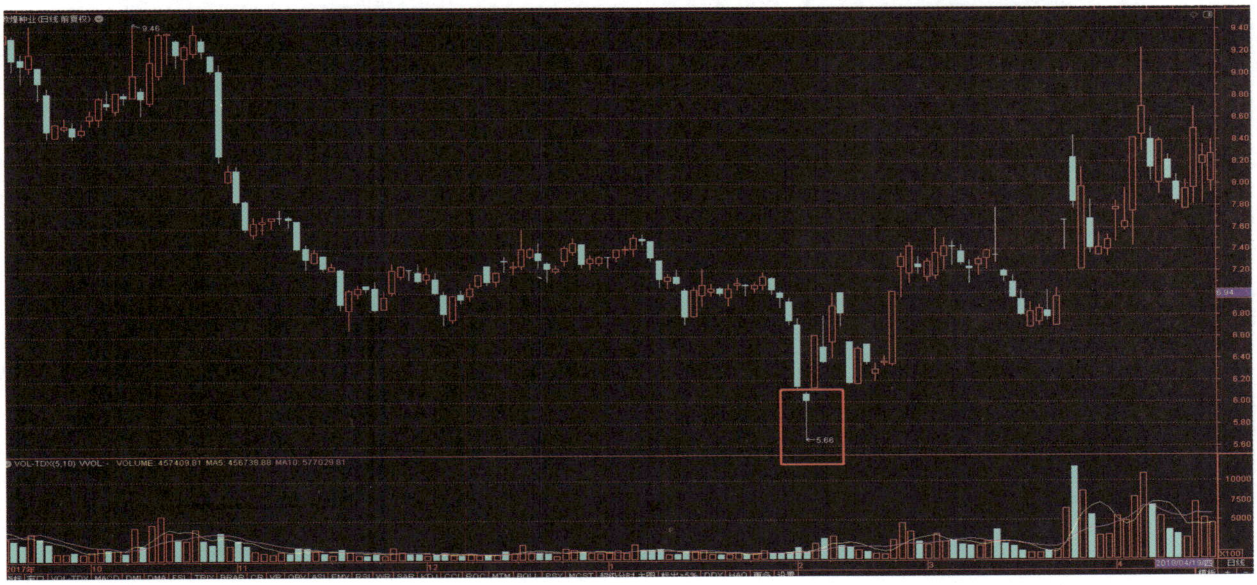

（3）跳空下跌后的第二交易日，股价必须跳空高开，并且是高开高走形成中阳线或大阳线。

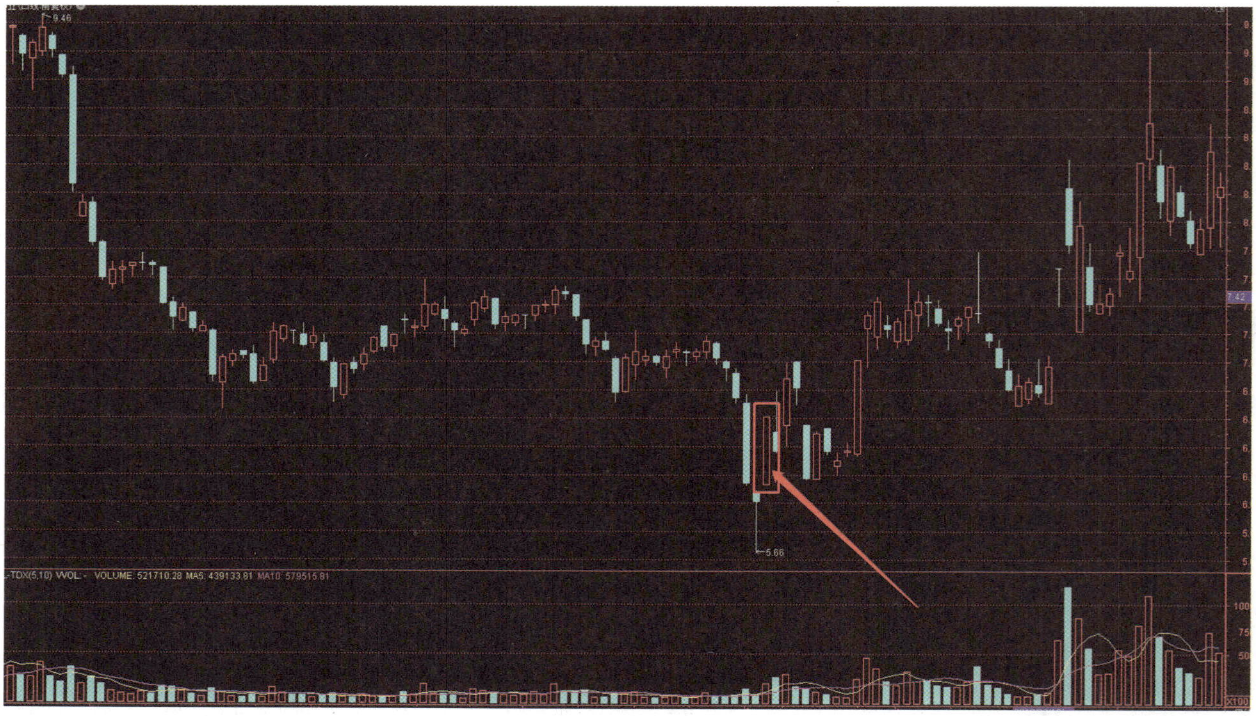

（4）出现舍子线当天成交量大幅萎缩，呈地量状态，第二个交易日必须放量上涨。

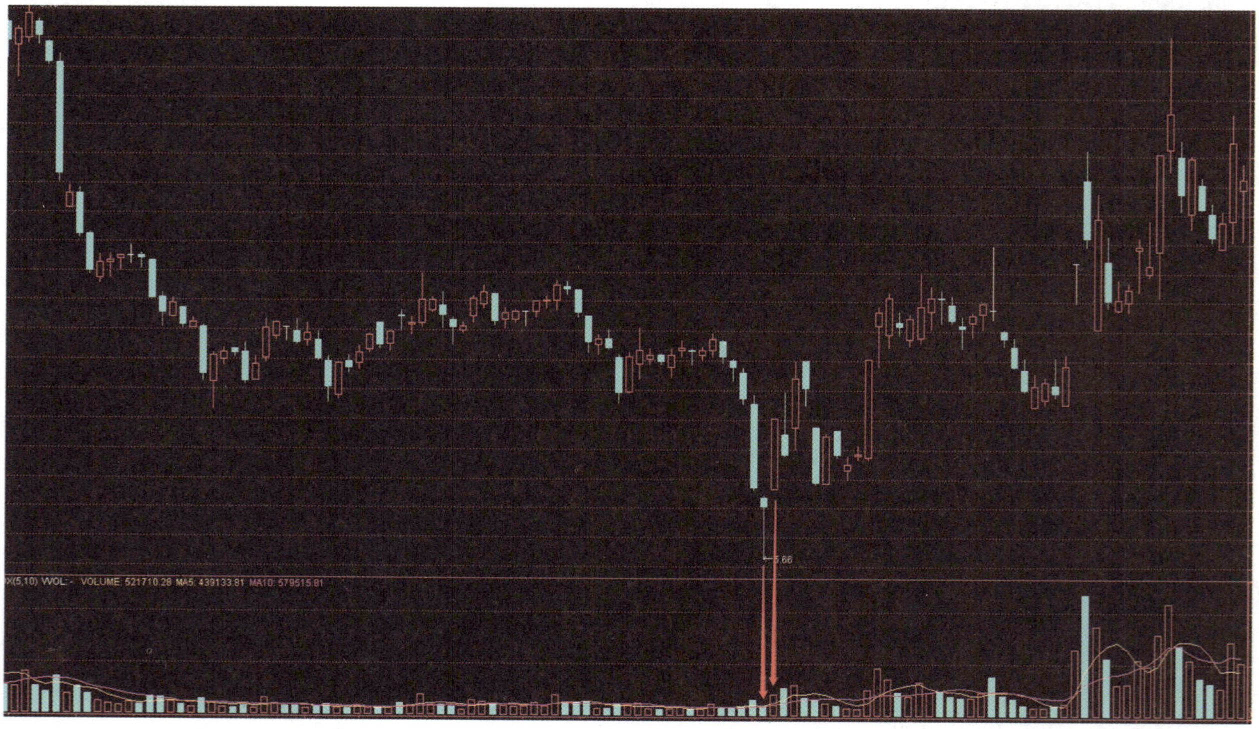

舍子定底通常是股价持续下跌后，空方动能衰竭，多方看到有利可图后便增加买入量，从而将空方力量彻底逼出，使股价出现反转的一种形态。舍子定底形态出现当天，多空双方通常争夺比较激烈，但最终多方力量更显优势。

2. 舍子定底战法的买入时机

（1）舍子线出现当天，股价跳空低开低走后，受买盘增加影响，股价逐步上涨。在尾盘阶段，基本可以确定收盘会收出带长下影线的小实体 K 线时买入。

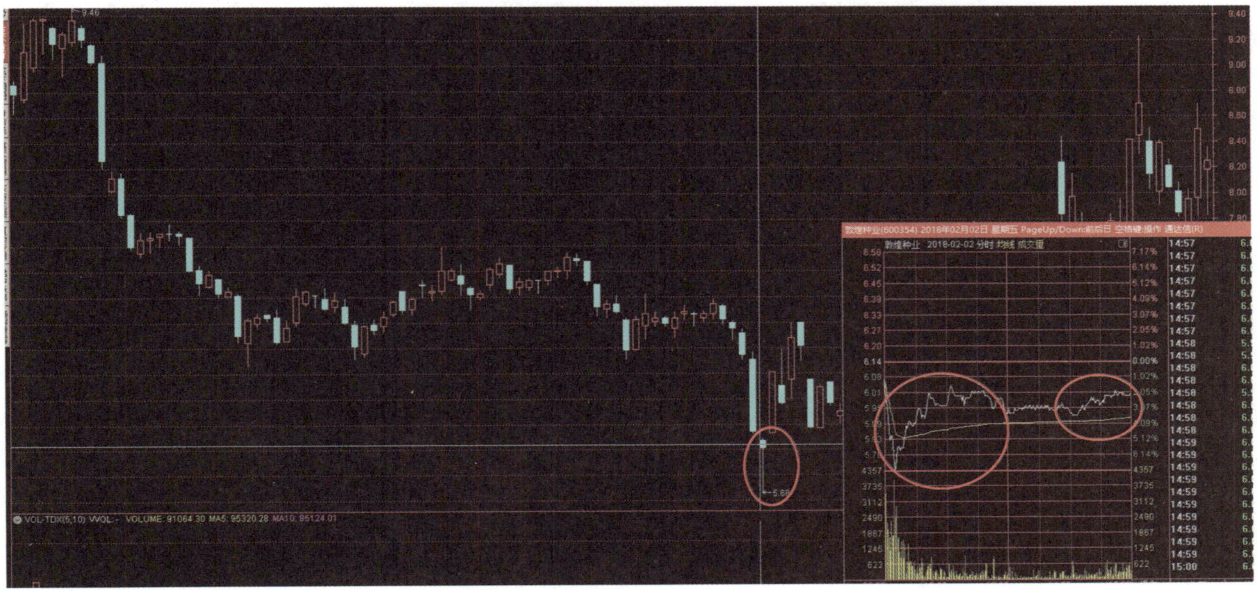

（2）在舍子线出现的第二天，股价高开高走时买入。如果盘中股价有回落，在股价回落不回补当天向上跳空缺口时买入。

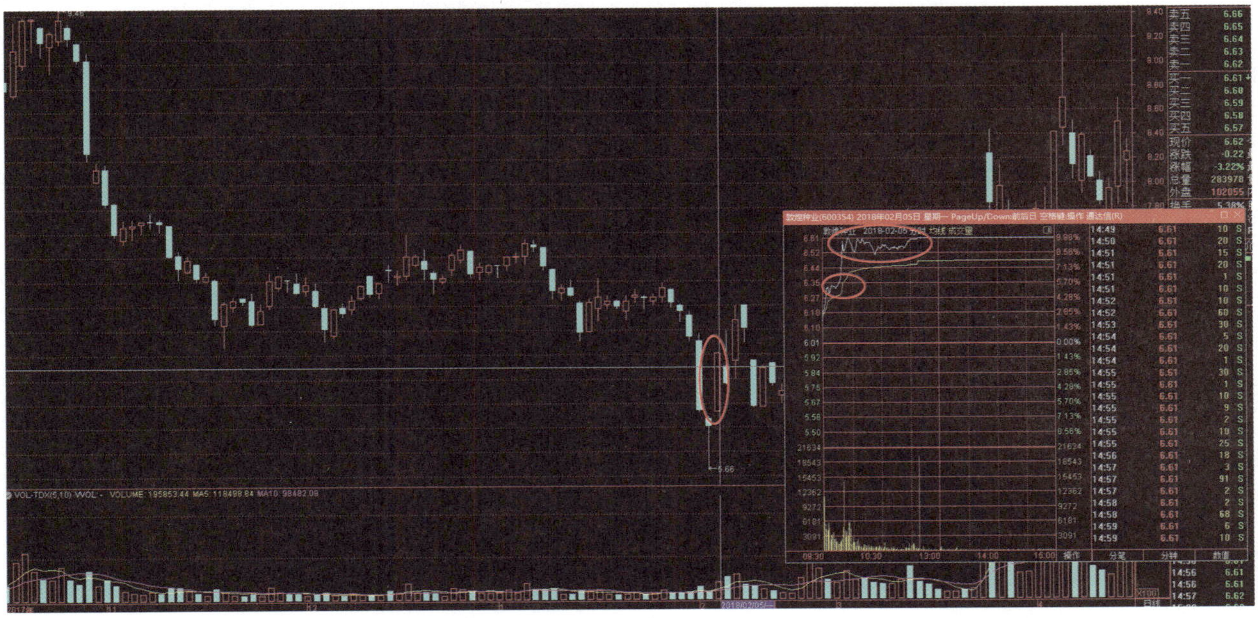

如图所示，敦煌种业（600354）的K线图中，股价经过一段时间横盘后加速下跌，在2018年2月1日出现一根下跌长阴线。第二天股价跳空低开低走。其后买盘增加，推动股价逐步上涨。收盘时收出带长下影线的短实体阴K线，收盘价接近开盘价，股价未能回补向下跳空缺口。第三天股价跳空高开高走，收出一根长阳线。其后股价开始震荡上涨，第二天的舍子线定底成功。

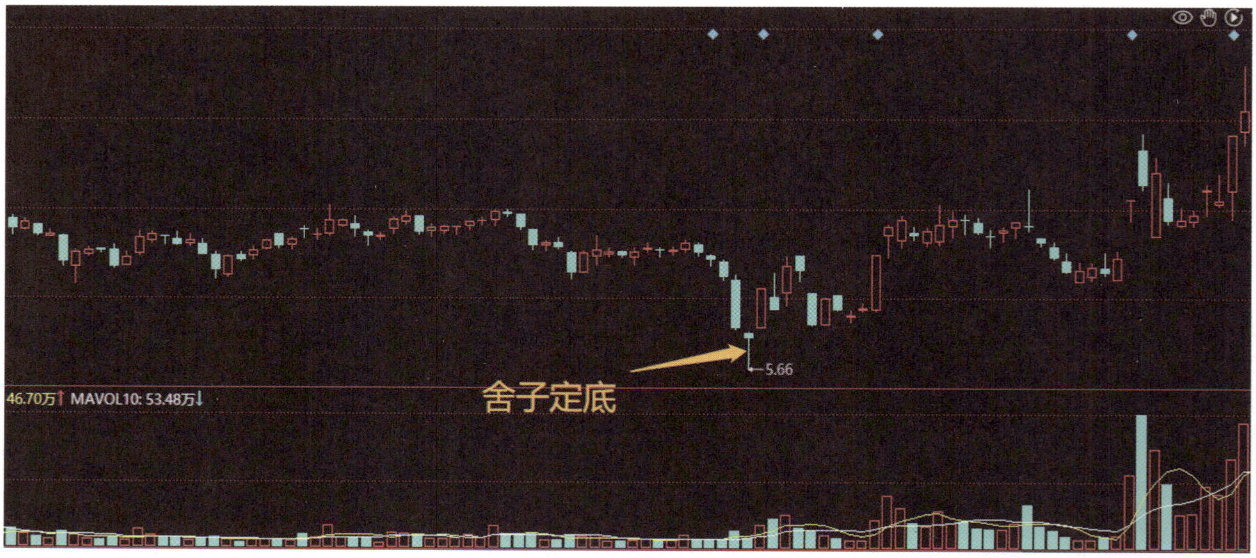

战 法 笔 记

十二、出水芙蓉战法

出水芙蓉战法又叫一阳穿多线战法，是指股价经过一段时间的低位震荡或横盘整理后，多条均线高度黏合，股价运行在均线下方。当均线黏合时，股价以一根大阳线自下而上穿越黏合均线向上拉升，收盘时通常为光头阳线（以股票当日涨停为最佳）。第二天低开高走或高开高走的中阳线或大阳线使股价创近期盘整后的新高，将黏合的均线转为均线向上发散状态，同时伴随着成交量的增加。

股价出现大阳线，市场上普遍流行一句话：“一根大阳线，千军万马来相见；两根大阳线，龙虎榜上机构现；三根大阳线，股评大师齐推荐；四根大阳线，散户追高不听劝；五根大阳线，游资砸盘说再见。”所以，当出现出水芙蓉形态时，很容易快速积累市场人气，吸引很多市场投资者买入，从而推动股价持续上涨。

1. 出水芙蓉战法构成要点

（1）股价必须经过一段时间的低位震荡或横盘整理，因为只有经过一段时间的低位震荡或横盘整理才会形成均线黏合。不论是在底部进行低位震荡或横盘整理，还是在上升途中进行的横盘整理，对均线黏合都有效。

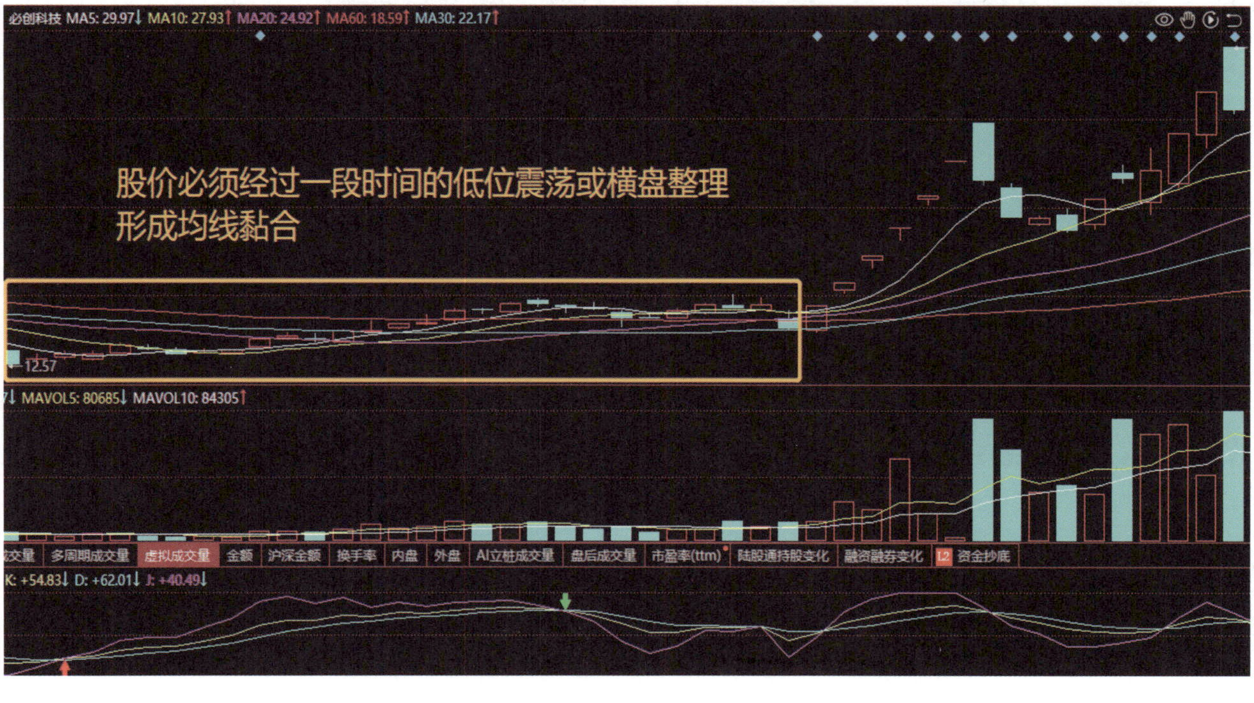

（2）股价上涨前必须运行在多条黏合均线的下方，并且上涨时自下而上穿越多条均线，同时 K 线必须是一根中阳线或大阳线，收盘必须收在黏合均线的上方。

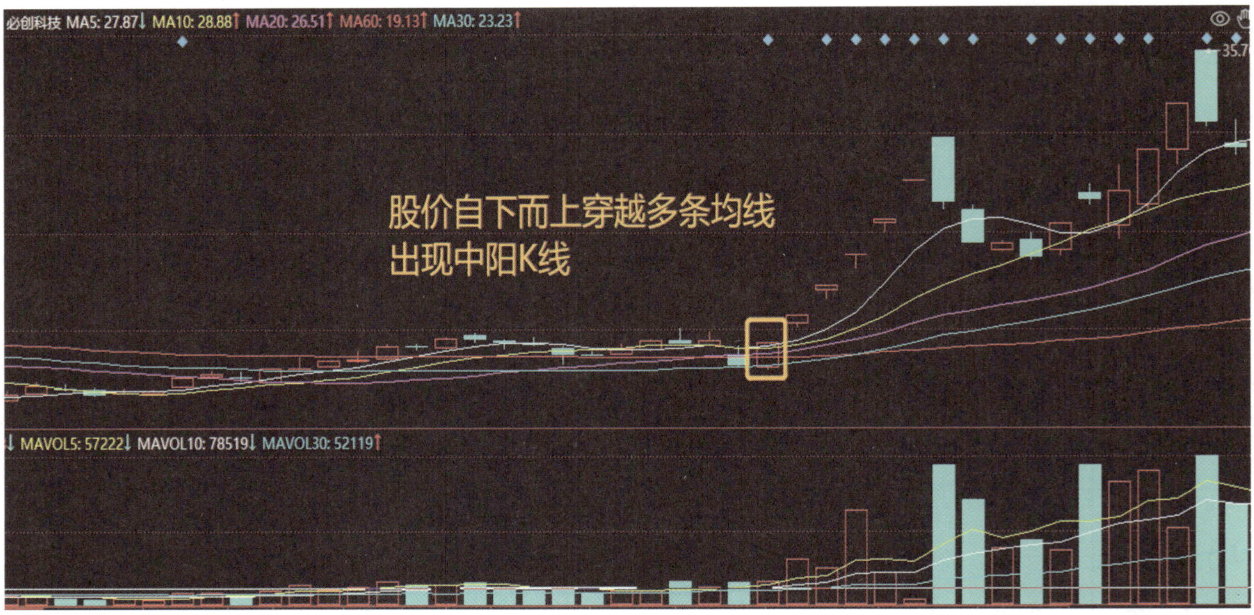

（3）股价穿越多条黏合均线上涨后，第二天必须低开高走或高开高走，并且股价必须以中阳线或大阳线创近期盘整后的新高。

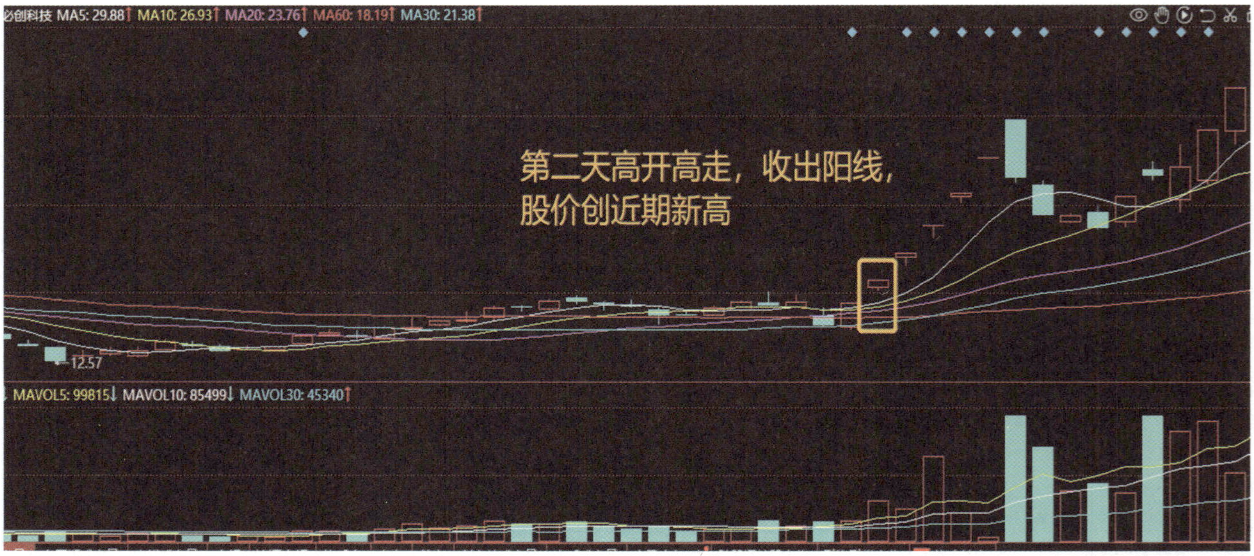

（4）连续两日的阳线拉升必须伴随量能的持续放大，并且第二个交易日最好是温和放量，不能放巨量。

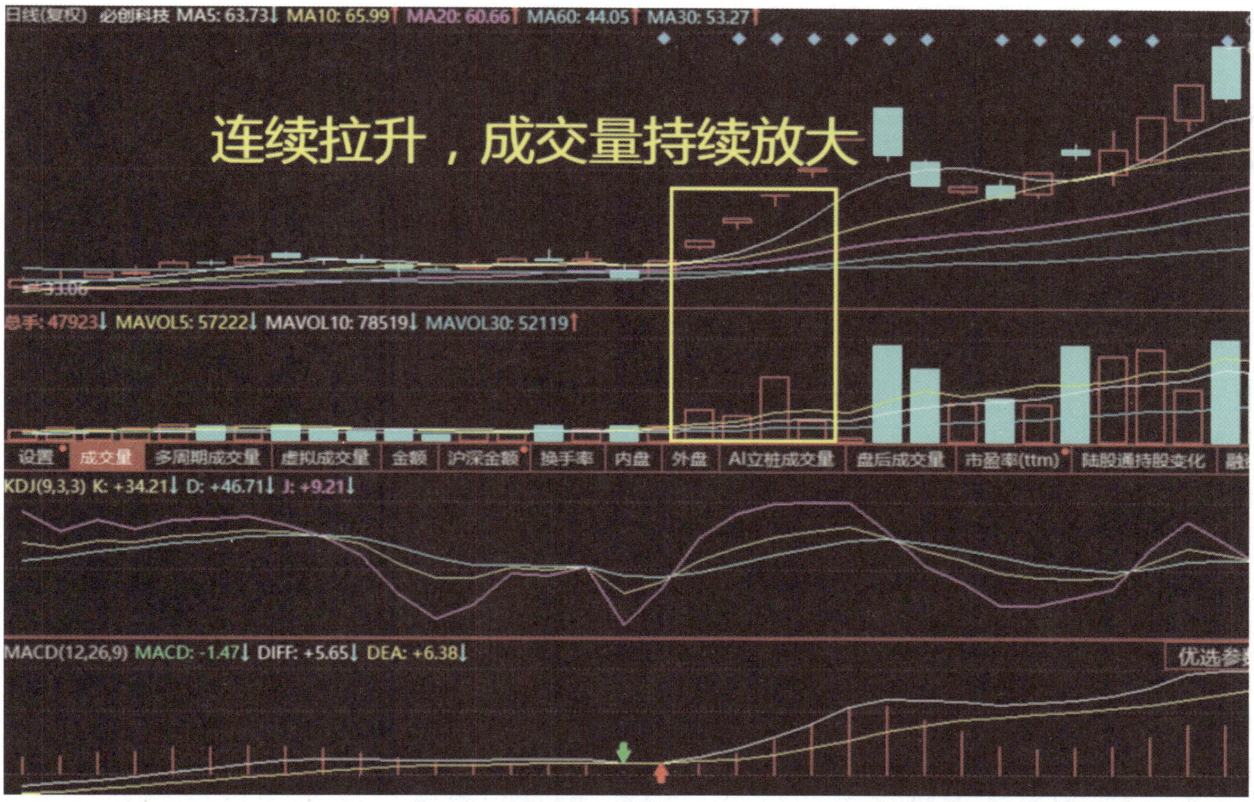

（5）在形成一阳穿多线时，通常KDJ和MACD指标也都形成金叉状态。

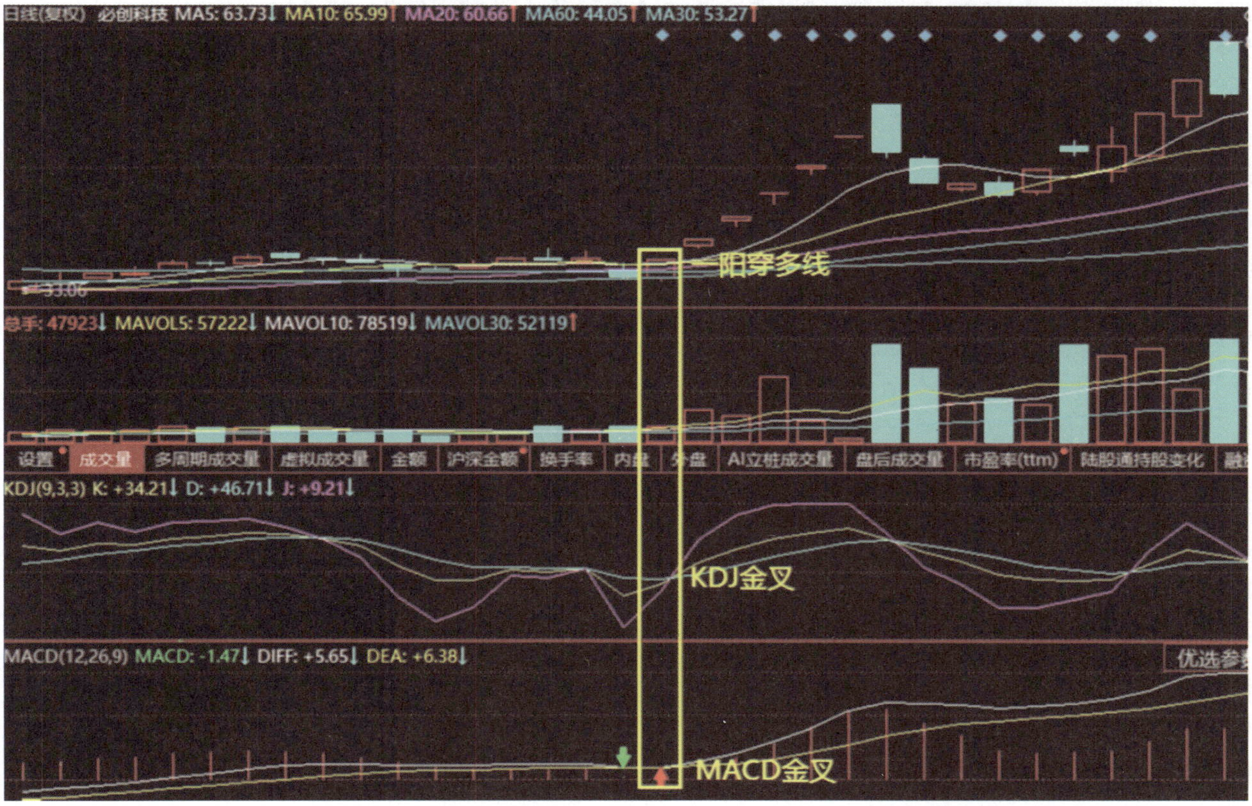

出水芙蓉战法是强烈的看涨信号，是主力做多的重要标志。如果一阳穿多线的第二天股价高开高走，说明主力做多意愿较强。如果第二天直接低开高走，说明主力还希望借助低开方式收集更多浮筹。

2. 出水芙蓉战法的买入时机

（1）在股价向上穿越黏合均线后买入。

（2）在第二个交易日股价低开在黏合均线上方，且低开高走时买入。

（3）在第二个交易日股价高开回撤不破黏合均线时买入。

如图所示，必创科技(300667)的K线图中，股价经过一段时间的横盘，多条中短期均线黏合。股价运行到黏合均线下方，某天股价以一根大阳线从黏合均线的下方穿越多条均线向上，形成一阳穿多线形态。同时成交量增加，KDJ和MACD金叉上行，说明行情表现强势。第二天股价高开至所有均线上方，且高开高走，带动市场做多人气，其后短期内股价强势上涨。

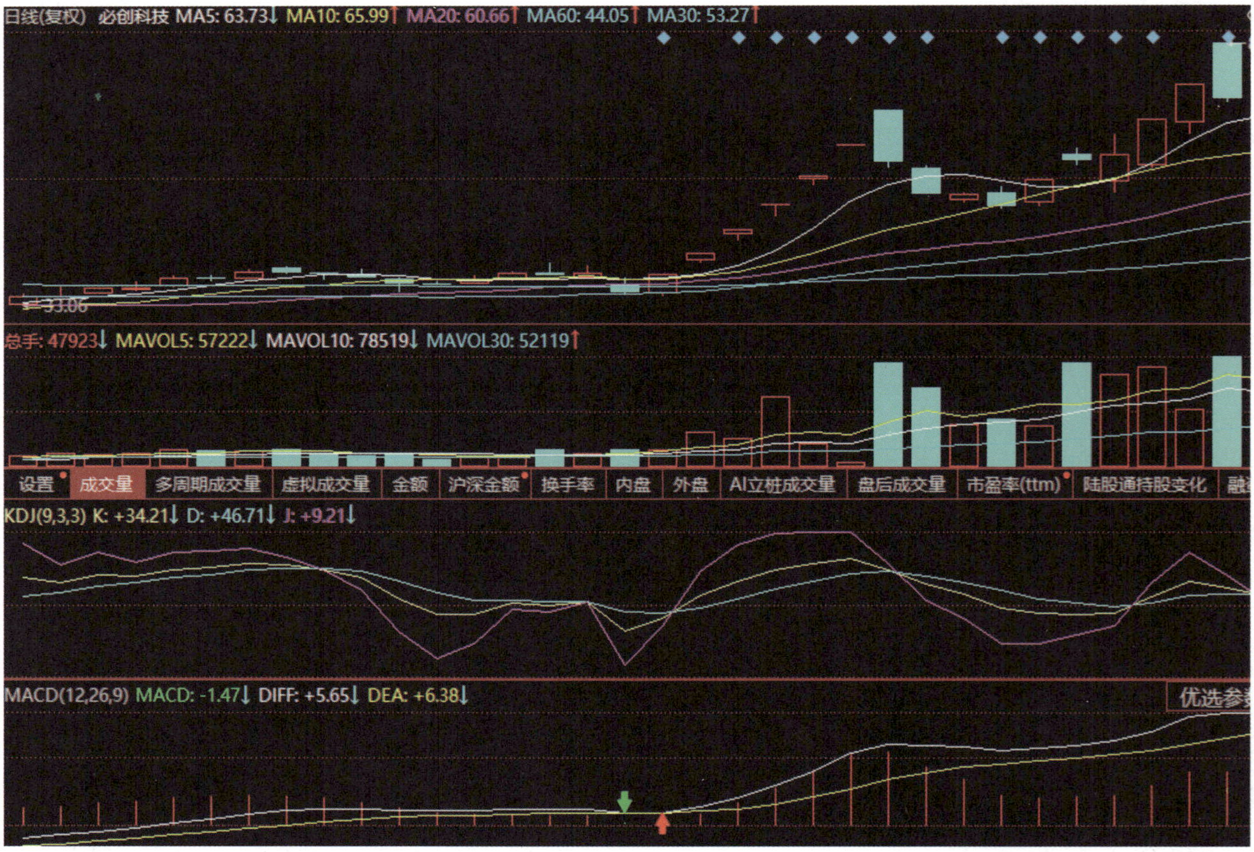

3. 出水芙蓉形态的查找方法

可以在【i问财】搜索：一阳穿3线。

通过 K 线图形大致找出大阳线上穿黏合均线的股票，再根据近期热点或轮动方向，找到意向标的进行跟踪。同时大家要做好止盈止损，一旦因环境风险股价跌破趋势，还是要先离场。

序号	股票代码	股票简称	现价(元)	涨跌幅(%)	买入信号	一阳三线(条件说明)	技术形态
1	603056		17.85	9.98	【行情收盘价上穿5日】;【cr金叉】;【skdj金叉】	一阳三线	【价升量涨】;【阳线】;【放量】
2	000516		9.76	6.90	【行情收盘价上穿5日】;【boll突破中轨】;【rs...	一阳三线	【价升量涨】;【阳线】;【放量】
3	002541		33.01	7.04	【mtm金叉】;【行情收盘价上穿5日】;【skdj金叉】	一阳三线	【价升量涨】;【阳线】;【放量】
4	300286		26.45	7.61	【mtm金叉】;【行情收盘价上穿5日】;【skdj金叉】	一阳三线	【价升量涨】;【阳线】;【放量】
5	301093		28.28	3.82	【行情收盘价上穿5日】;【cr金叉】;【skdj金叉】	一阳三线	【价升量涨】;【阳线】;【放量】

战 法 笔 记

战法笔记

十三、分时线涨停战法

分时线涨停战法是指通过观察当日分时线走势，判断个股是否属于强势股，并且通过分时线走势选择日内最合适的进场点位。

很多投资者喜欢通过观察分时线来进行交易。分时图中有两条线，一条是价格线，一条是分时均线。分时均线对价格线有支撑和阻力作用。当价格线在均线上方时，均线对价格线起支撑作用，支撑价格不往下跌；当价格线在均线下方时，均线对价格线起阻力作用，阻挡价格往上涨。

每天涨停的个股，从分时线上看，会存在各种各样的走势形态。利用分时线进行交易时，均线是重要的参考工具；价格上涨和回落时，均线是寻找买入点的参考依据。分时线追踪涨停板的买入方式有很多种，在此只介绍比较常见并且成功率较高的分时线涨停战法。

1. 价格线直线拉升封板结构

价格线直线拉升封板结构是指股价开盘后涌入大量买盘，股价快速上涨，并且快速封死涨停板。这样的涨停板只能在开盘前进行筛选，然后在开盘时进行跟踪。如果买盘强势，股价直线拉升，则可以轻仓跟进追买。

价格线直线拉升封板的股票，一般开盘时多数都会高开1% ~ 4%的涨幅，所以很多投资者追入时都会在股价上涨到5% ~ 7%的位置。这种追高买入只适合轻仓操作，主要是为了预防股价冲板后出现回落。

现在市场上有一些做超短线的机构客，他们的操作模式是前一天尾盘建仓，第二天开盘后快速拉高股价，吸引市场投资者买入，他们则趁机出货，以此获取利润。所以，在操作价格线直线拉升封板结构的股票时，需要预防买入这种机构客做盘的超短线个股。

如图所示，飞力达（300240）的分时图中，股价在开盘后直接拉升上涨，中间没有任何停顿，并且买盘非常大，快速推升股价直至封死涨停板。操作这种股票，主要看买盘是否强大，买入资金是否非常充足。

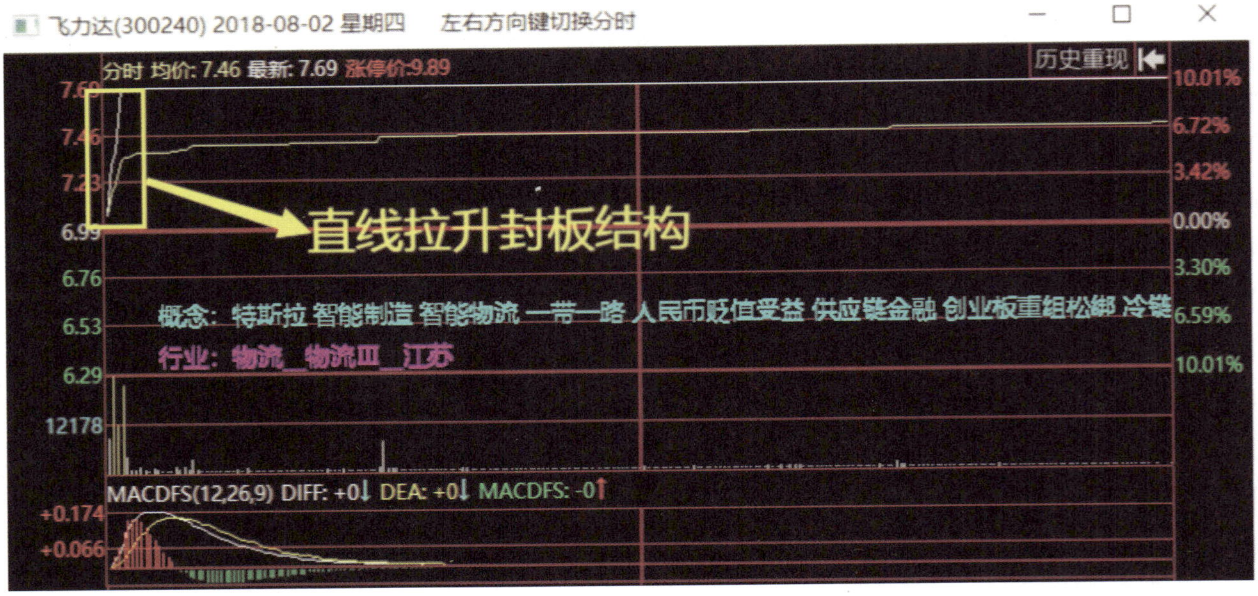

2. 价格线三浪上涨封板结构

价格线三浪上涨封板结构是指股价在开盘后经过1浪上涨、2浪回调、3浪再度拉升至封死涨停板。要想寻找这种股票，可以观察开盘后的强势股，从中筛选出来，然后买入。

在三浪上涨结构中，通常是机构操作者有序地强势拉升股价。拉升中途部分获利者盈利卖出，导致股价在分时线上出现短暂回落。机构操作者经常利用中途回落来洗出意志不坚定的投资者，随后再用大买单快速将股价推升至涨停板。

在三浪上涨封板走势中，股价的1浪拉升过程是投资者发现异动股的时候，通常能在这个阶段买进的投资者比较少。大多数有经验的投资者，买入点会在2浪回调靠近均线的位置，一些经验不足的投资者通常会在3浪拉升过程中追买。

如图所示，园城黄金（600766）的分时图中，股价开盘后先小幅下探，然后快速拉升，出现1浪上涨。当股价拉升到7个点左右时短暂下跌，出现2浪回调。在股价回调靠近均线时，再次出现大量买盘，并快速将股价推升至涨停板，完成3浪封死涨停板结构。图中1浪成交量明显增加，2浪成交量有所减少，3浪成交量大幅增加。

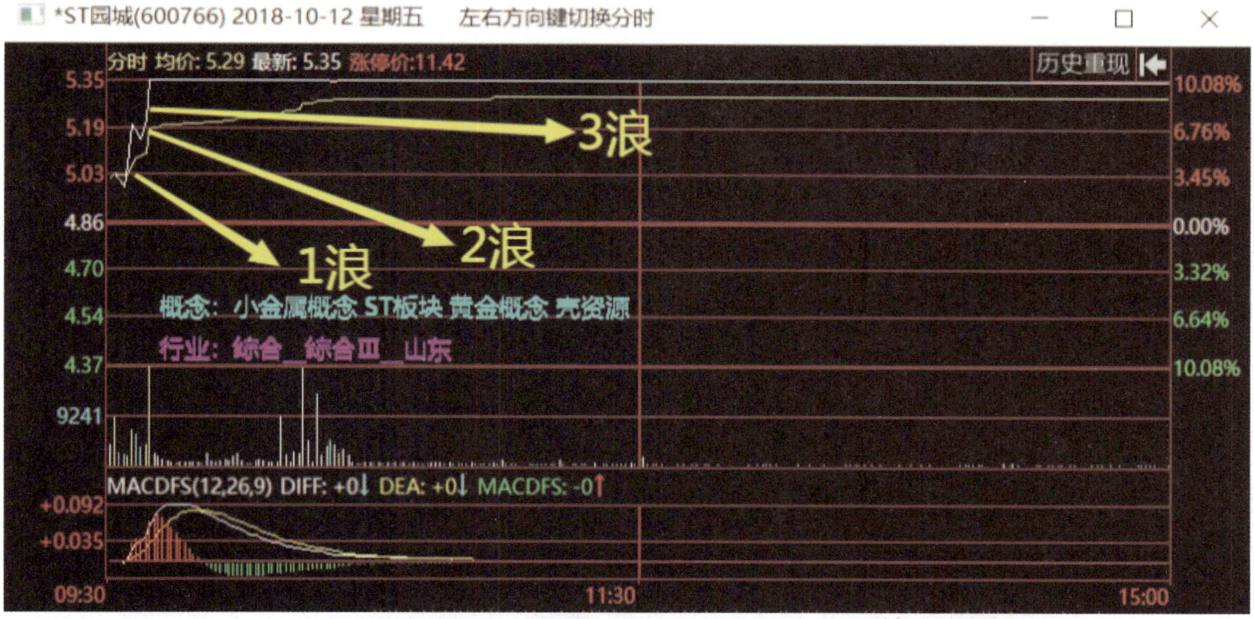

3. 价格线快五浪上涨封板结构

价格线快五浪上涨封板结构是指股价经过三次快速的拉升浪和两次短暂的回调浪，在第三次拉升浪后股价封死涨停板。这种股票可以在开盘后通过观察异动股筛选出来，然后择机买入。

在快五浪上涨封板结构中，1浪快速上涨时股价出现异动。经过短拉升后，上方很快出现抛压，导致股价短暂回落，形成2浪回调。但是由于买盘持续增加，使得股价又快速上涨，形成3浪拉升。股价在连续拉升后再次出现一些获利盘抛压，使得股价第二次短暂回落，形成4浪回调。之后出现大量买盘，推动股价上涨，并快速封死涨停板。

在快五浪上涨封板结构中，股价从开盘后开始拉升到封死涨停板的速度很快，中途只经过两次短暂的停留，很快就被强大的买单推动强势封板，所以称为快五浪上涨封板结构。在这种上涨结构中，大多数投资者是在股价出现1浪拉升时，通过监测股价异动发现股票。2浪短暂回调时还来不及买入，通常会在3浪、4浪或追高5浪买入股票。此结构中，2浪和4浪的暂时性回调大都会在靠近均线时结束并再度拉升。

如图所示，通达动力（002576）的分时图中，股价开盘后经过短暂的拉升（即1浪）后，出现短暂的回调（即2浪），随后买盘开始增加，推动股价强势拉升（即3浪）。当股价拉升一定高度后，部分前期获利盘开始卖出，导致股价短暂回落（即4浪）。很快市场中又涌现大量买盘，快速推升股价上涨并封板，完成快五浪封板结构。从图中可以看出，1浪和2浪的成交量偏少，3浪和4浪的成交量开始明显增加，5浪时成交量大幅增加。

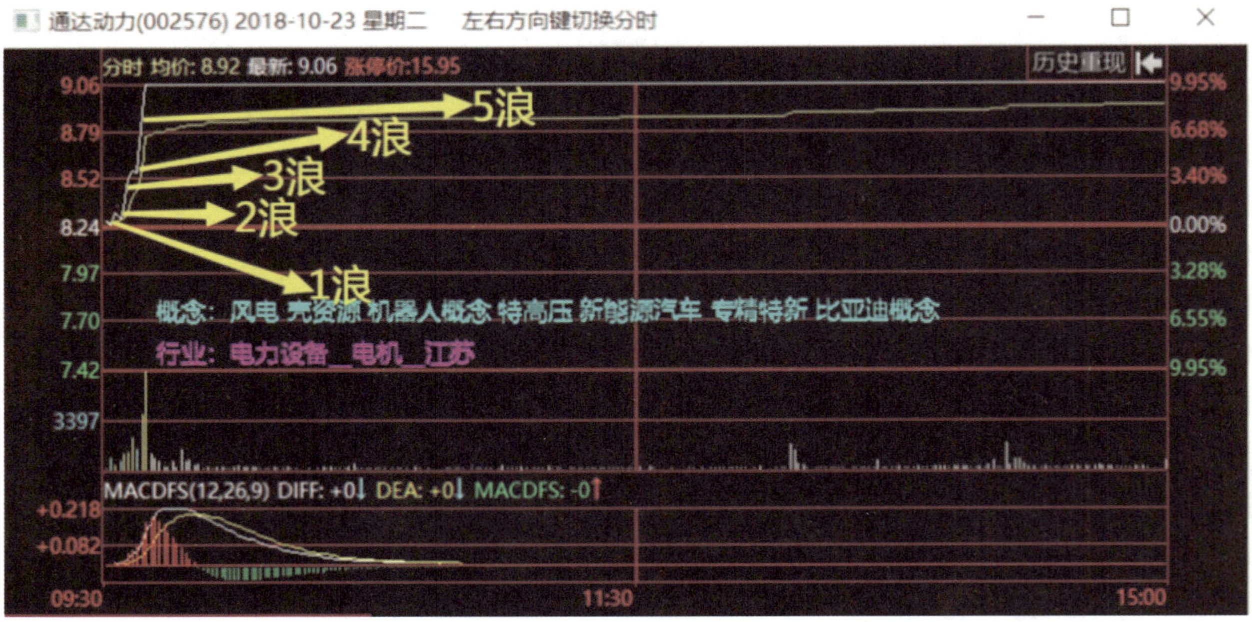

4. 价格线慢五浪上涨封板结构

价格线慢五浪上涨封板结构是指股价经过3浪上涨和4浪回调，在最后一次拉升浪后股价封死涨停板。慢五浪上涨封板结构与快五浪上涨封板结构类似，都是以五浪上涨并成功封死涨停板。二者的不同之处在于：快五浪上涨封板结构的上涨和封板的速度都很快，中途出现的2浪和4浪回调很短暂。慢五浪上涨时，上涨和封板的速度都比较慢，通常在2浪和4浪回调时，都会出现一段时间的震荡波动，然后才开始新一波拉升，直到最后成功封板。

在慢五浪上涨封板结构中，在1浪快速上涨时股价出现异动。经过短暂拉升后，上方出现抛压，导致股价回落，形成2浪回调。此时买盘承接意愿比较强，使得股价开始横盘震荡。当股价线靠近或碰触到均线时，市场买盘再度增加，推动股价二度拉升，形成3浪上涨。当股价拉升到一定高度后，前期获利盘出现抛压，导致股价再度回落，形成4浪回调。此时买盘承接意愿依然较强，继续维持股价横盘震荡。当股价线再次靠近或碰触均线时，市场买盘大幅增加，推动股价快速上涨，并快速封死涨停板。

在慢五浪上涨封板结构中，通常1浪、3浪、5浪三个升浪的成交量会逐次增加，尤其是在5浪，时成交量会大幅增加。2浪、4浪成交量相对比较少，并且在回调震荡期间成交量比较均衡。

在慢五浪上涨封板结构中，大多数投资者在股价出现1浪拉升时，因股价异动而发现股票，部分投资者会在2浪回调价格线靠近均线时买入股票，也有部分投资者会在向上突破2浪震荡期间的高点，即3浪拉升时买入。当股价在3浪拉升到一定高度后，部分前期获利盘便会卖出，导致股价出现4浪回调。部分投资者会在4浪回调价格线靠近均线时买入股票，也有部分投资者会在5浪拉升，股价向上突破4浪震荡期间的高点时买入。

如图所示，金明精机（300281）的分时图中，股价经过快速拉升（即1浪）后，出现一段时间的回调震荡（即2浪）。随后买盘开始增加，使得股价再次拉升（即3浪）。当股价拉升到一定高度后，部分前期获利盘开始卖出，导致股价出现一段时间的回调震荡（即4浪）。价格线靠近均线时，市场涌现大量买盘，快速推动股价上涨并封死涨停板（即5浪）。

图中1浪、3浪、5浪三个升浪的成交量逐次增加，尤其是5浪的成交量出现大幅增加。2浪、4浪成交量相对较少，并且在回调震荡期间成交量比较均衡。

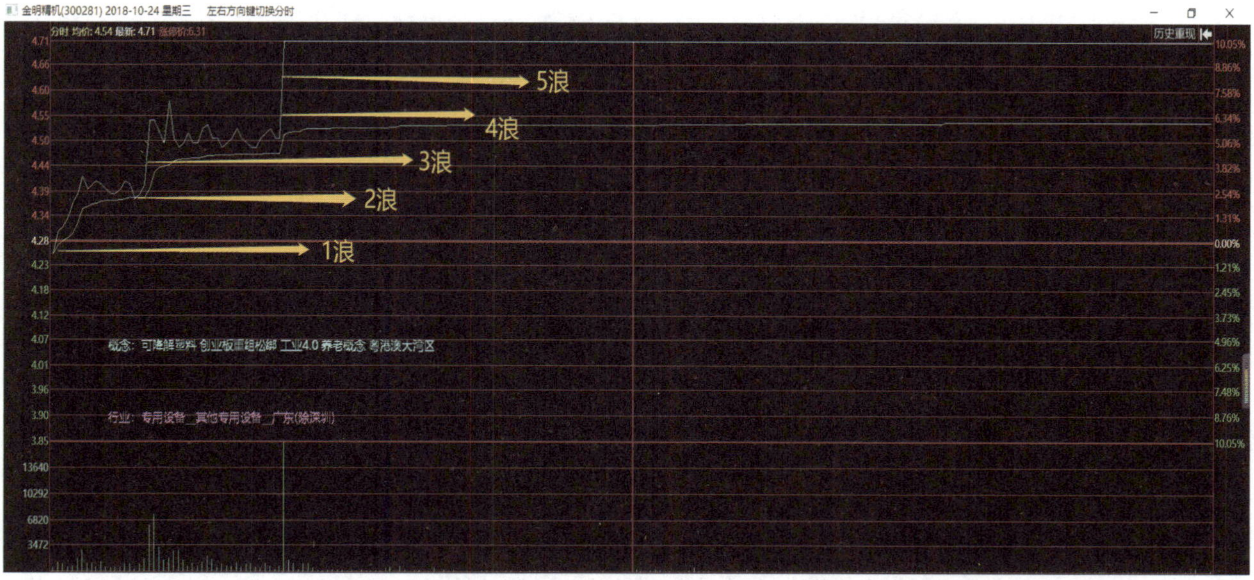

5. 价格线波段爬升封板结构

价格线波段爬升封板结构是指股价在开盘后，价格线逐步往上拉升，每拉升一段距离便停下来休整一段时间，然后再次往上拉，待拉升一段距离再次停下来休整一段时间，如此不停地重复“拉升—休整—拉升—休整”的过程，直到股价成功涨停并封死涨停板。股价每波上涨的高点和每波回调的低点都高于前一波。

在价格线波段爬升封板结构中，股价按照波段式结构逐次上涨。在前期的回调过程中，价格线会靠近或碰触均线。到后期上涨时，价格线通常会偏离均线上涨。这种结构中，一般前期股价上涨的速度会较慢，越到后期上涨的速度越快，最后涌现大量买盘，推升股价至涨停板。在价格线波段爬升封板结构中，股价上涨和回调的波浪次数不等，这属于边拉边洗的操作模式。在每波拉升时，成交量都会逐次增加，最后一波拉升封板时，成交量会大幅增加。这种结构中，投资者通常会在前三次股价回调靠近均线时买入，或在前三次回调后股价拉升突破回调前的高点时买入，只有少部分投资者会在三波拉升之后的拉升中追高买入。因为一般经过三波拉升后，股价上涨的幅度都高于6个点，很多投资者此时不愿意再追高买入。

如图所示，飞力达（300240）的分时图中，股价开盘后快速拉升，随后出现回调。当价格线回落到均线位置时，股价再次上涨。之后经过多次上涨和回调，最后经过一波强势拉升封死涨停板。股价上涨过程中，价格线回落的低点逐渐偏离均线。成交量也在每波拉升过程中渐次放量，直到最后一波拉升时量能大增，推动股价强势上涨封板。

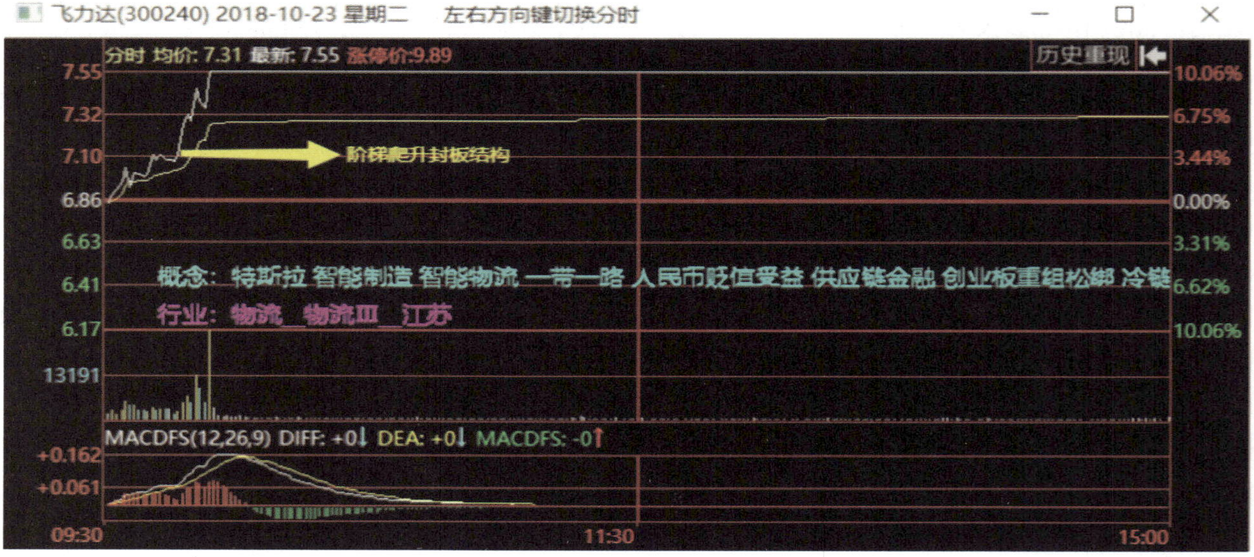

6. 价格线渐次爬升尾盘拉升封板结构

价格线渐次爬升尾盘拉升封板结构是指股价在开盘后逐渐往上攀升，走势比较温和，每上涨一波就要经过一段时间的回调整理，而每次回调到前一波上涨的高点时，股价即受到前期高点支撑再度上涨，如此反复多次后，直到尾盘阶段成交量快速增加，推动股价强势拉升，并快速封死涨停板。

在价格线渐次爬升尾盘拉升封板结构中，股价每上涨一波后，回调通常不会低于前一波，就算偶尔跌破前一波上涨的高点，也会很快又被拉回到前一波上涨的高点之上，就像台阶式的上涨。在这种结构中，大多数投资者会在每波上涨突破前一波高点时买入，或者是在每一波回调时，价格回落到前一波上涨时的高点附近买入，还有一部分投资者会在最后一波强势拉升时追高买入。

在价格线渐次爬升尾盘拉升封板结构中，每波上涨时的成交量都会放大，而在上涨后的回调阶段成交量比较小，且比较稳定。所以，在这种结构中，成交量通常会出现多个峰值，但最后一波强势拉升封板时的峰值最大。

如图所示，美联新材 (300586) 的分时图中，股价低开，经过一段时间的震荡后，进入第一波拉升。拉升至0轴线时受压回落，展开第二次震荡。股价震荡一段时间后，开始第二波拉升并成功翻红。之后再次展开第三次横盘震荡，临近午盘休盘时股价再度拉升。午后，股价经过一段时间的回调震荡后再次开始向上拉升，随后股价再次回落调整。尾盘成交量大幅增加，推动股价强势拉升并快速封板。下方成交量形成多个峰值，尾盘拉升时的成交量峰值最大。

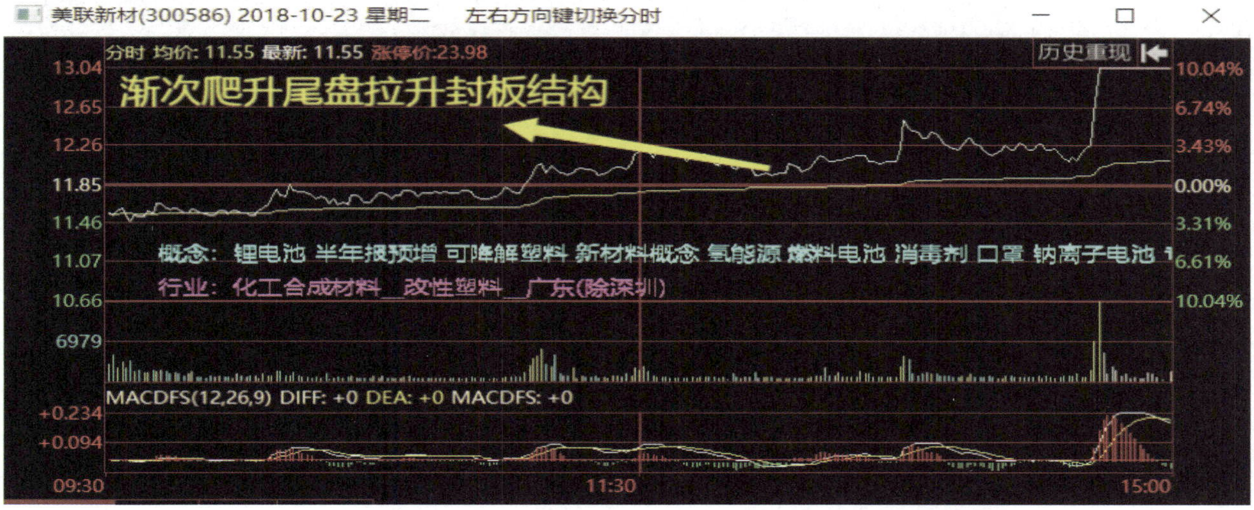

7. 均线支撑尾盘拉升封板

均线支撑尾盘拉升封板是指股价开盘后维持横盘震荡，价格线始终维持在均线上方震荡，就算偶尔价格线下破均线，但很快又会被拉升到均线之上运行。如此震荡运行到尾盘阶段，某一时段成交量快速增加，推动股价强势拉升，并快速封死涨停板。

在均线支撑尾盘拉升封板结构中，股价在尾盘强势拉升前，通常会在上涨1%～3%的涨幅区间震荡，尾盘拉升时通常会是直线拉升封板和两波拉升封板。在这种结构中，大多数投资者会在震荡期间股价回落到均线附近时买入，或在股价尾盘强势拉升突破前期震荡高点时买入。在成交量上，前期震荡期间成交量相对较少，并且比较均衡，尾盘拉升时成交量大幅增加。

如图所示，宁波精达（603088）的分时图中，股价开盘后缓慢向上爬升，基本维持在均线上方。其后一段时间，股价一直维持在水平均线上方进行窄幅震荡，到尾盘阶段成交量快速放大，推动股价快速拉升并封死涨停板。

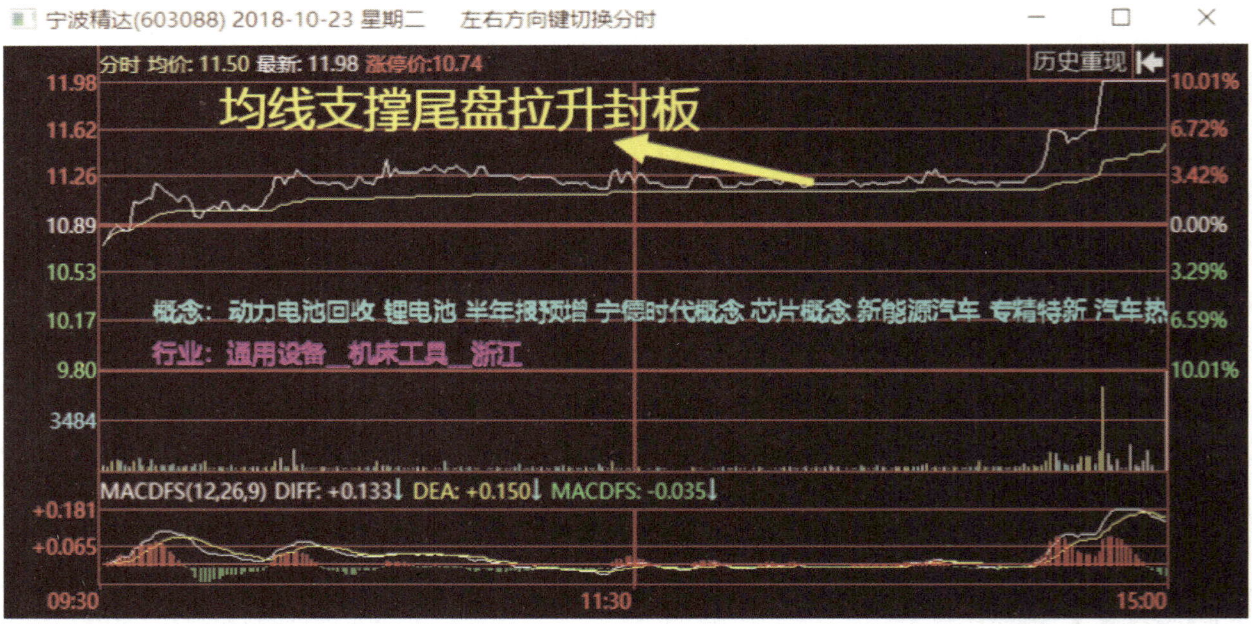

十四、共振爆破点战法

共振爆破点战法是一种非常有效且成功率很高的选股战法，尤其是对中长线投资选股来说，成功率非常高。共振爆破点，顾名思义，最重要的是落在“共振”两个字上。共振的含义是指运用多项技术指标进行组合分析，这几项指标的指向产生了一致共鸣。共振爆破点战法就是对多个非常关键的指标进行组合分析，以增加对行情判断的准确性，从而提高获利的概率。

在如今的技术分析中，各种各样的指标或方法都有，让很多投资者不知道应该选择哪些指标才能更加有效。实际上，很多指标都具有相似性，运用多个指标组合， 最主要的目的是为了验证指标对行情的反映是否有效。

有时部分指标反映行情可能有下跌风险，也有部分指标反映行情会有上涨机会，在这样的情况下，投资者很难通过指标判断行情具体的走向，从而难以抉择应该如何操作。但是，如果所有的技术指标都反映行情可能上涨，那么股价即将上涨的概率就会大增。如果所有的技术指标反映行情可能下跌，那么股价即将下跌的概率就会大增。

共振爆破点战法就是利用指标组合相互验证，形成趋于一致的结论，从而提高交易的准确性。

共振爆破点战法的要求如下：

1. K线在重要位置做出关键趋势线突破

很多个股经历长时间下跌后，都会进入一段时间的盘整期。在行情盘整期间，各项指标开始逐步修复。在下跌阶段，往往会有一条重要的下跌趋势线，下跌阶段的每次反弹在遇到趋势线后，都会被趋势线压制再度转为下跌，这条趋势线就是下跌行情中的重要趋势线。随着行情在底部震荡休整，价格将逐步靠近趋势线，在某天或某几天行情开始突破趋势线上涨。股价从下往上突破下跌趋势线，说明股价趋势可能即将反转上涨。

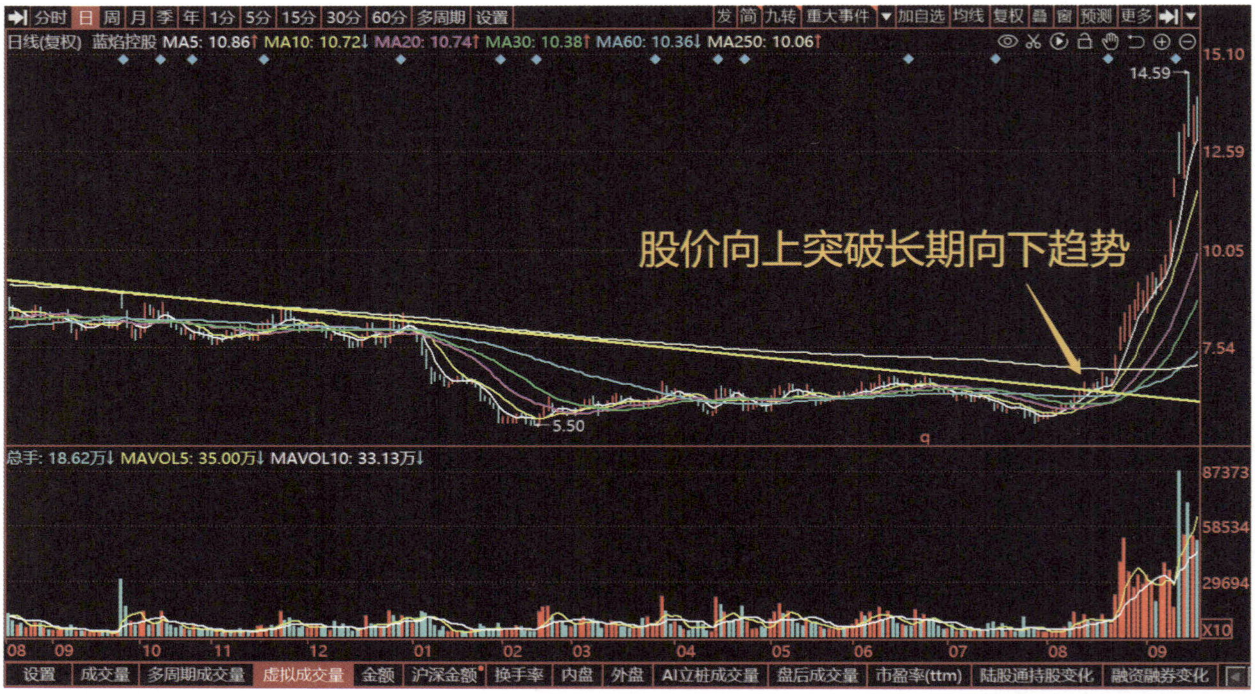

2. 股价自下而上穿越多条高度黏合的长期和短期均线

均线在股市中的表现总是合久必分，分久必合。均线对行情既有支撑作用，又有压制作用，主要看价格处于均线的上方还是下方。股价处于均线下方，则均线对股价具有压制作用；股价处于均线上方，则均线对股价具有支撑作用。多条短期和长期均线黏合，说明新一波行情可能即将启动。股价自下而上穿越多条高度黏合的均线，说明股价正在逐步走强。股价冲破多条均线的压制站在均线上方，从而使得均线对股价形成支撑作用，对股价未来的上涨有助推作用。

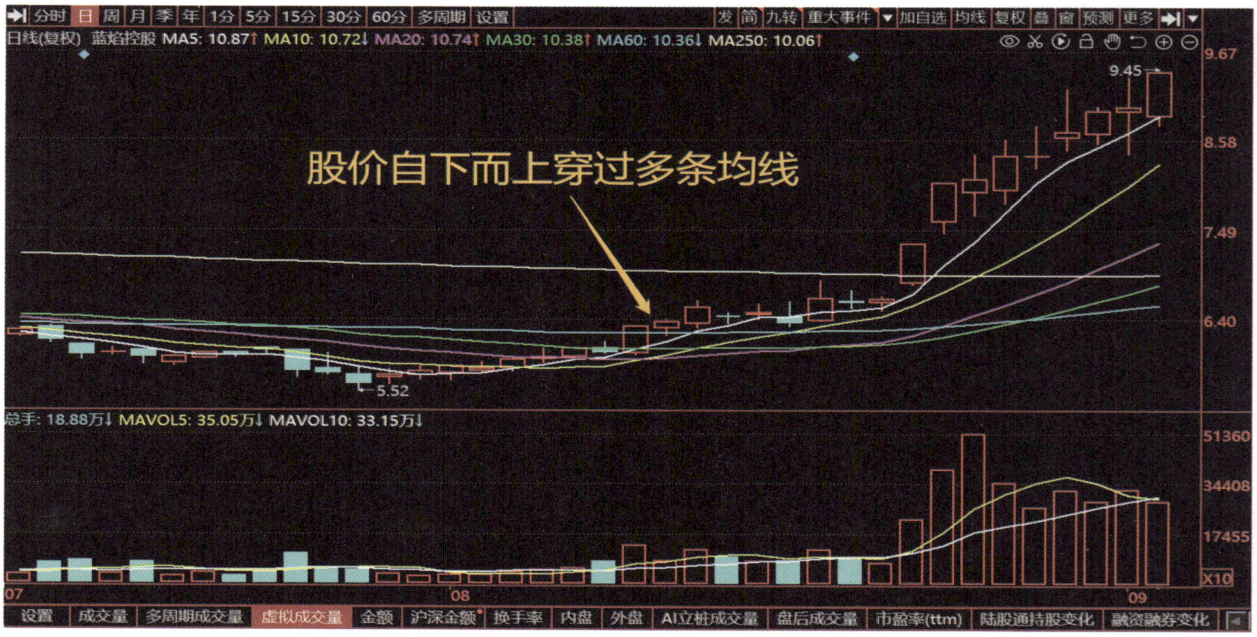

3. 突破上涨伴随着成交量增加

股价在突破趋势线或高度黏合的均线上涨时，需要成交量的配合，这样才能更强劲地突破趋势线和均线对股价的压制。如果突破时没有成交量的增加相配合，则可能只是虚破，股价很容易再度跌回趋势线和均线下方。因此，只有突破时伴随着成交量的增加，才能说明该股开始逐步走强。

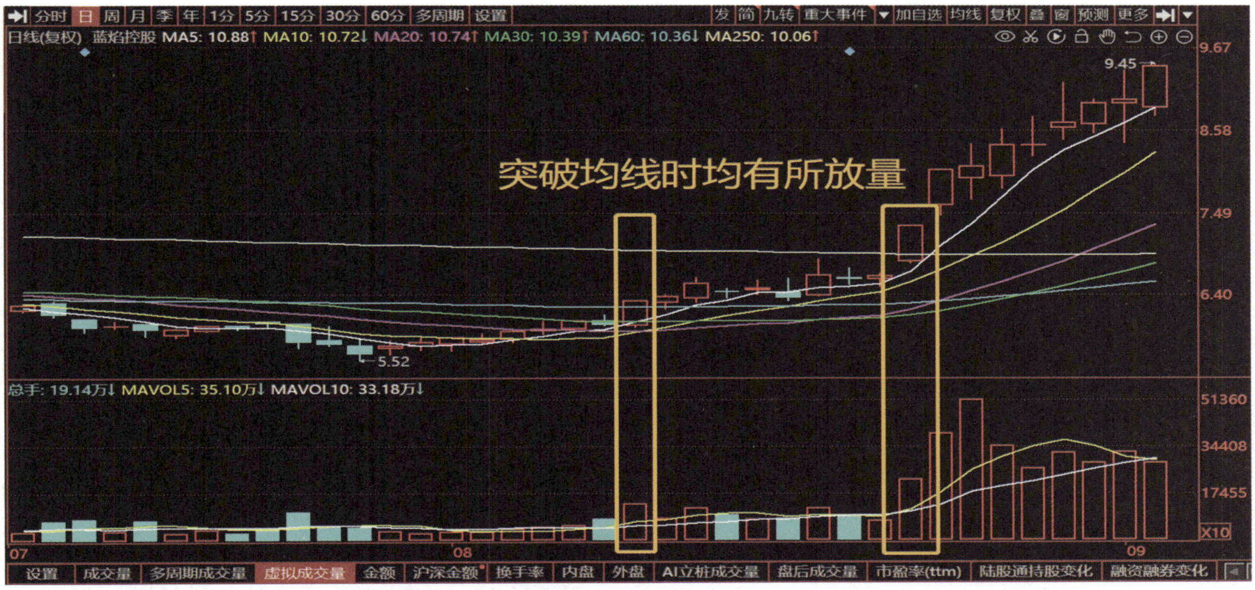

4. MACD指标金叉向上发散

MACD指标的快线从下向上穿越慢线，即为金叉。MACD金叉时所处的位置最好在0轴附近或在负值区域，形成这样的金叉，表明股价向上运行的空间更大，有利于股价在后市上涨过程中能够持续更长时间而不背离。

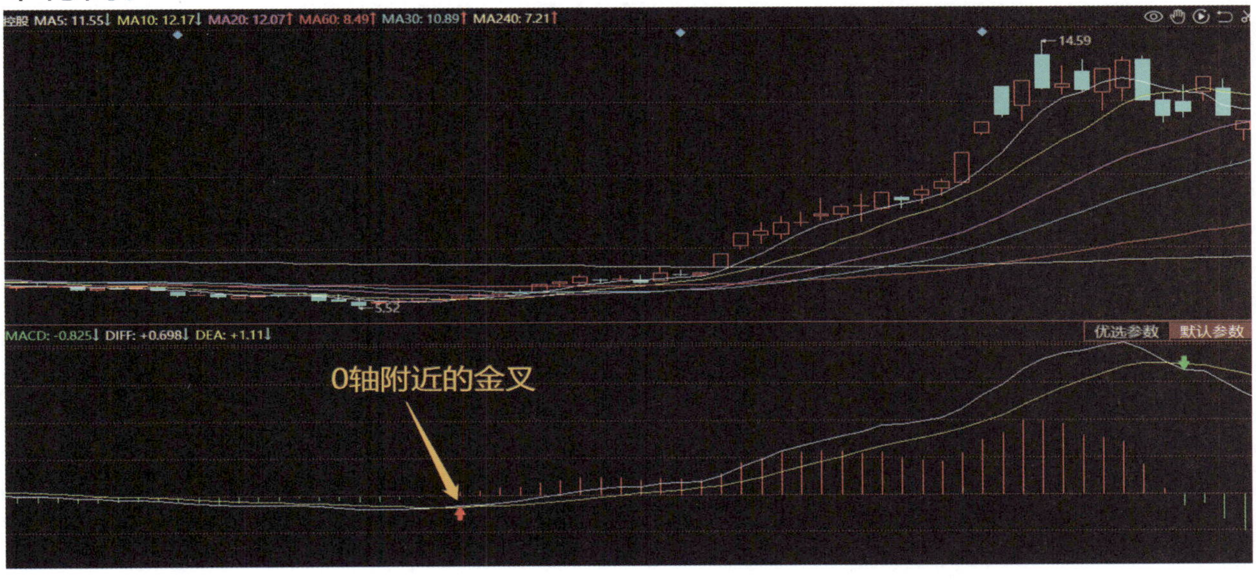

5. KDJ指标金叉向上发散

KDJ指标值的大小能反映多空双方的实力对比。当KDJ指标出现从下向上穿越的金叉时，说明多空双方经过短暂平衡后，多方力量开始占据优势。KDJ金叉时所处的位置最好在超买区域，如此金叉表明股价向上运行的空间更大，有利于股价在后市上涨过程中能够持续较长时间而不背离。KDJ金叉的时间往往会比MACD金叉的时间提前几日。

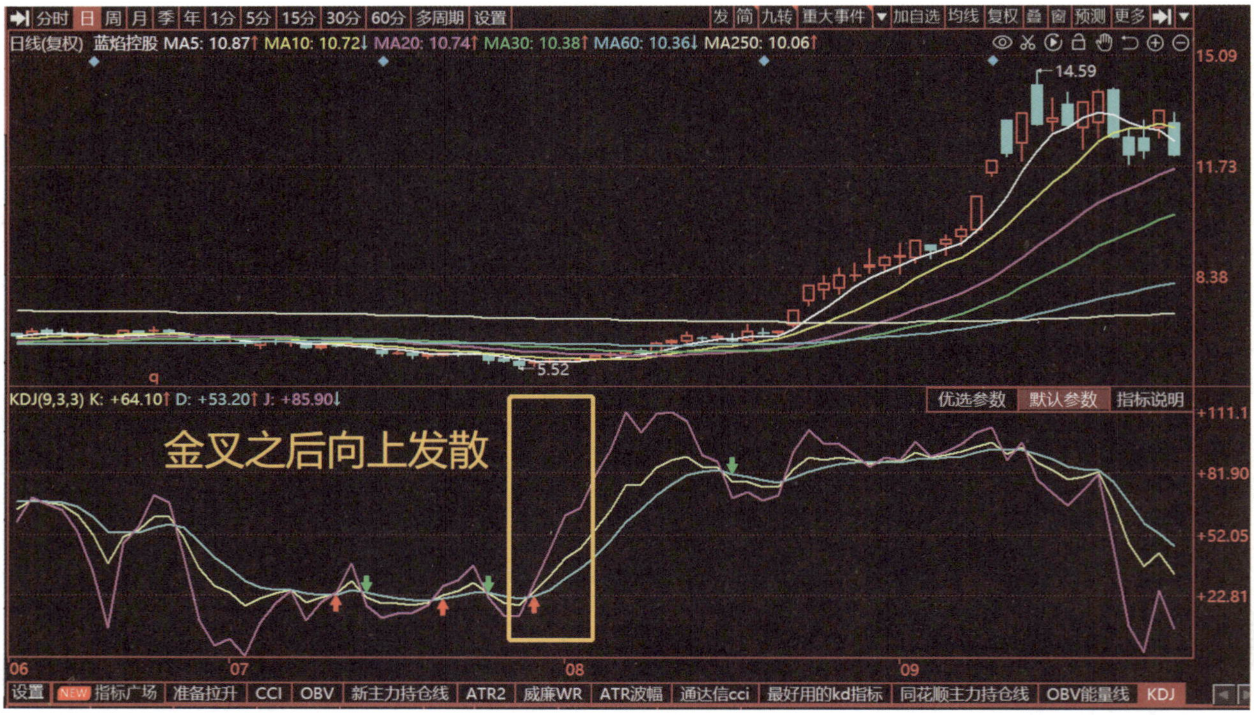

6. 筹码在股价附近高度集中

筹码集中度是反映市场投资者持仓量和持仓成本的指标。当筹码集中度分散时，不利于个股的上涨。尤其是大部分筹码都分散在股价上方时，股价上涨的压力将会很大，只要股价稍微有所上涨，就容易受到抛盘打压。只有当筹码在股价附近集中度非常高时，才容易被拉升。因为在股价拉升时，上方很少有抛盘压力，所以上涨也会更轻松。

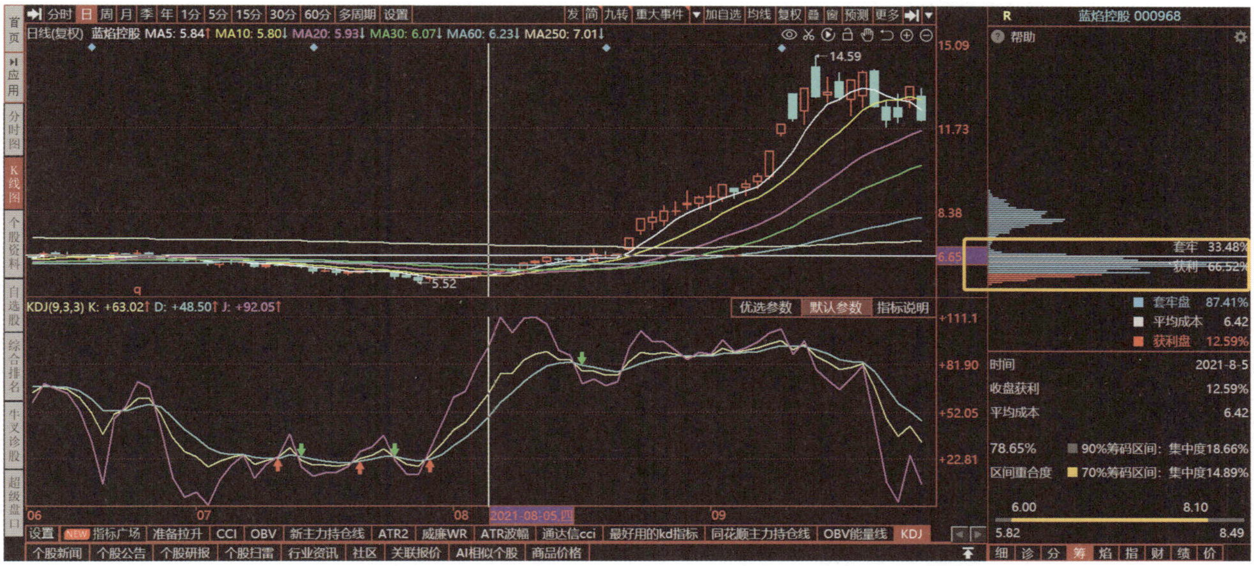

将以上6点进行组合，当所有指标形成共振，趋向于看涨时，股价基本上已经处于行情起爆点，在此位置进场的成功概率非常高，并且往往都会买在股价起飞的底部阶段。股价一旦上涨，后市的发展空间将会非常大，同时收益也会非常可观，是中长线投资者选择个股的绝佳方法。

战 法 笔 记

战法笔记

十五、集合竞价选股战法

集合竞价选股战法就是在上午股票集合竞价期间，选出当天具备大涨或涨停因素个股的一种方法。在大多数时候，集合竞价选股法选择出来的个股，当天走势表现都会比较强势，但偶尔也有表现一般的时候。利用这种方法只是提高选到强势股和涨停股的机会，并不能保证每次都能成功。

集合竞价是每天股市交易的开端。很多投资者都希望每天能买到大涨或涨停的股票，期待自己手中持有的个股每天都能涨停，但实际行情中，每天能够涨停的个股通常也就那么几十只。绝大多数个股当天大都不会涨停，甚至还有很多个股会下跌。

如何在两市4000多只股票中，每天都能成功地抓住大涨或涨停的牛股，是每个投资者都想搞清楚的。对普通投资者来说，做到这一点是件非常困难的事情。尤其在集合竞价时，选到当日能够大涨或涨停的个股更是极其困难。但是，在集合竞价阶段，依然有方法能够快速选到强势个股，甚至选到当日涨停的个股。

集合竞价时选牛股主要运用量比指标，同时结合K线形态及指标作为参考，尽量选出市场资金高度关注的个股。如此一来，开盘后便能受到资金追捧，快速拉升股价，并且经常能快速封死涨停板。

一、集合竞价选股步骤

第一步：在9:25集合竞价结束后，对两市个股的量比进行排行，快速浏览量比靠前的50只个股。集合竞价时量比靠前的个股，更受市场机构或市场投资者青睐，当天容易吸引更多资金流入。

i问财　集合竞价分时量比排名前五十　收藏此问句

2022年08月24日量比从大到小排名前50(50个)　竞价涨幅(4912个)

选出A股 50

+加自选　+加板块　导数据　搜索:　我的自选股　我的板块股　设置表头

序号	股票代码	股票简称	现价(元)	涨跌幅(%)	量比 2022.08.24	量比排名 2022.08.24	竞价涨幅(%) 2022.08.24	竞
1	001231	农心科技	32.97	6.46	52.98	1/4881	10.01	
2	002773	康弘药业	15.66	9.97	10.64	2/4881	0.28	
3	000711	京蓝科技	2.77	4.92	9.41	3/4881	0.38	
4	000416	民生控股	3.84	5.21	8.57	4/4881	0.00	
5	603991	至正股份	43.19	9.56	7.44	5/4881	0.23	
6	000020	深华发A	11.96	10.03	7.31	6/4881	-0.55	
7	600482	中国动力	18.00	10.02	7.27	7/4881	10.02	
8	300564	筑博设计	13.65	2.94	7.27	8/4881	1.43	
9	000520	长航凤凰	4.03	2.28	7.19	9/4881	0.51	
10	600189	泉阳泉	7.29	6.58	7.19	10/4881	0.29	

第二步：首选竞价涨幅在4%以下的个股，其次是竞价涨幅在7%以上的个股。竞价涨幅在4%以下的个股，主力通常会利用小幅高开来洗出部分意志不坚定的投资者，让这部分投资者认为股价可能会高开低走，他们会在高开后选择卖出，主力便会趁机收集这些筹码，之后快速拉升，不再给人们低位入场的机会。竞价涨幅在7%以上的个股，一般主力手中都有足够多的筹码，不想让其他投资者介入，因此大幅高开，让很多投资者因担心会出现高开低走势而不敢买入，同时部分持股意志不坚定的投资者也会选择卖出，这样的个股通常会在开盘后快速拉升并在很短的时间内封死涨停。

问财　集合竞价分时量比排名前五十，竞价涨幅小于4%　收藏此问句

2022年08月24日量比从大到小排名前50(50个)　竞价涨幅<4%(4837个)　竞价涨幅(4912个)

选出A股 50

+加自选　+加板块　导数据　搜索:　我的自选股　我的板块股　设置表头

序号	股票代码	股票简称	现价(元)	涨跌幅(%)	量比 2022.08.24	量比排名 2022.08.24	竞价涨幅(%) 2022.08.24	竞价 20:
1	002773	康弘药业	15.66	9.97	10.64	2/4881	0.28	
2	000711	京蓝科技	2.77	4.92	9.41	3/4881	0.38	
3	000416	民生控股	3.84	5.21	8.57	4/4881	0.00	
4	603991	至正股份	43.19	9.56	7.44	5/4881	0.23	
5	000020	深华发A	11.96	10.03	7.31	6/4881	-0.55	
6	300564	筑博设计	13.65	2.94	7.27	8/4881	1.43	
7	000520	长航凤凰	4.03	2.28	7.19	9/4881	0.51	
8	600189	泉阳泉	7.29	6.58	7.19	10/4881	0.29	

第三步：在前两步的基础上，选择流通股本数量较小的个股，最好流通数量能在4亿股以下，并且是非全流通个股，中小创为优先选择对象。通常情况下，流通盘越小，主力拉升时需要的资金越少，将股价推上涨停板就越容易。

问财　集合竞价分时量比前50，竞价涨幅小于4%，流通股本小于4亿　收藏此问句

选出A股 50

+加自选　+加板块　导数据　搜索:　我的自选股　我的板块股　设置表头

序号	股票代码	股票简称	现价(元)	涨跌幅(%)	量比 2022.08.26	量比排名 2022.08.26	竞价涨幅(%) 2022.08.26
1	300530	达志科技	31.01	20.01	9.19	2/4884	0.62
2	001215	千味央厨	52.20	7.28	8.90	3/4884	0.68
3	603096	新经典	21.85	10.02	8.69	4/4884	1.66
4	002949	华阳国际	13.56	0.30	7.89	7/4884	3.48
5	002513	蓝丰生化	5.49	4.18	7.26	11/4884	-0.19
6	831167	鑫汇科	11.87	-1.90	7.03	13/4884	0.74
7	603855	华荣股份	21.29	-5.80	6.94	15/4884	-4.42
8	605108	同庆楼	22.00	8.43	6.70	16/4884	0.00
9	300901	中胤时尚	9.86	3.90	6.01	22/4884	1.26
10	002205	国统股份	11.80	-3.83	5.70	26/4884	-3.50

第四步：选择连续多日换手率都在 5%以下，近期平均换手率也在 5% 以下的个股。换手率低说明个股活跃程度较低。如果活跃度一直处于不温不火的状态，突然间进入大众关注的视野，很容易吸引投资者的注意。

问财　集合竞价分时量比前50，竞价涨幅小于4%，流通股本小于4亿，换手　收藏此问句

选出A股 **50**

+加自选　+加板块　导数据　搜索:　我的自选股　我的板块股　设置表头

序号	股票代码	股票简称	现价(元)	涨跌幅(%)	量比 2022.08.26	量比排名 2022.08.26	竞价涨幅(%) 2022.08.26
1	300530	达志科技	31.01	20.01	9.13	2/4884	0.62
2	831167	鑫汇科	11.87	-1.90	6.98	13/4884	0.74
3	603855	华荣股份	21.26	-5.93	6.91	15/4884	-4.42
4	300901	中胤时尚	9.87	4.00	5.98	22/4884	1.26
5	300119	瑞普生物	19.70	6.95	5.56	28/4884	-1.30
6	300717	华信新材	14.42	1.12	5.03	34/4884	0.77
7	300286	安科瑞	32.68	16.09	4.93	39/4884	2.74
8	833346	威贸电子	7.32	-2.01	4.73	40/4884	-0.67
9	603829	洛凯股份	12.05	4.51	4.72	42/4884	2.87
10	603365	水星家纺	13.40	-3.53	4.46	46/4884	-3.10

第五步：选择近几日成交量呈现温和放量或近期成交量较为均衡的个股。温和放量说明近几日资金已经开始悄悄潜入，这样的个股一旦进入公众视野，很容易受到市场资金的追捧。成交量较为均衡，通常为主力沉寂或是没有主力操作的个股，这类个股一旦量能突增，大多数都是主力开始发力或是被主力资金盯上，这种情况也容易受到市场投资者的青睐。

问财　集合竞价分时量比前50，竞价涨幅小于4%，流通股本小于4亿，换手　收藏此问句

选出A股 50

+加自选　+加板块　导数据　搜索:　我的自选股　我的板块股　设置表头

序号	股票代码	股票简称	现价(元)	涨跌幅(%)	量比 2022.08.26	量比排名 2022.08.26	竞价涨幅(%) 2022.08.26
1	300530	达志科技	31.01	20.01	8.77	2/4884	0.62
2	831167	鑫汇科	11.87	-1.90	6.65	14/4884	0.74
3	603855	华荣股份	21.21	-6.06	6.64	15/4884	-4.42
4	300901	中胤时尚	9.90	4.32	5.78	22/4884	1.26
5	300119	瑞普生物	19.38	5.21	5.50	25/4884	-1.30
6	833346	威贸电子	7.33	-1.87	5.20	29/4884	-0.67
7	300286	安科瑞	32.50	15.35	4.96	36/4884	2.74
8	300717	华信新材	14.34	0.49	4.93	37/4884	0.77
9	603829	洛凯股份	12.17	5.64	4.52	42/4884	2.87
10	603365	水星家纺	13.36	-3.82	4.22	49/4884	-3.10

第六步：优先选择个股跳空高开后正好处于突破形态上涨的个股。跳空高开本身说明市场承接意愿较强，而股价同时在形态上突破，很容易吸引投资者的目光。突破形态上涨时出现的跳空缺口多为突破性缺口，股价具有强劲的上涨动力，很容易受到资金的青睐，因此，比较容易被推到涨停板。

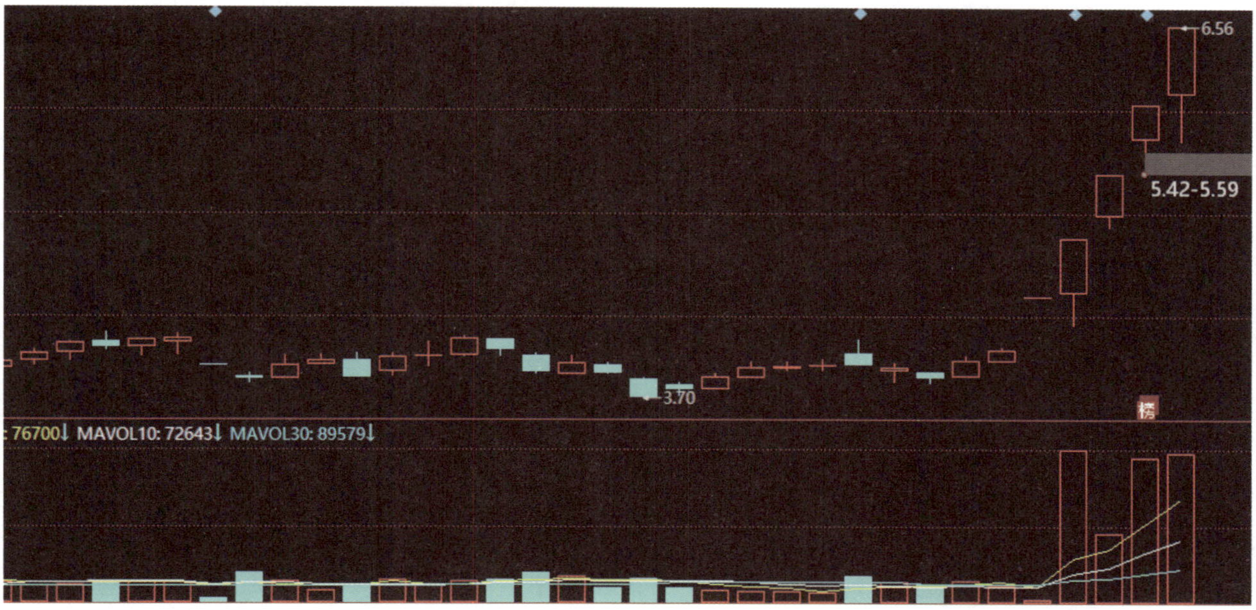

通过以上六步选出来的个股，当日不一定都会涨停，但是当日表现一般都会非常强势，并且大部分个股大概率会封板。当然，选择要操作的个股时，最好先看看个股历史走势。如果该股很长一段时间都没有出现过涨停板，那么当日涨停的概率会较低，通常会冲到涨停板附近，然后逐步回落，这种个股适合在冲高后做高抛低吸来降低操作成本。如果该股历史上经常出现涨停板，那么当日出现涨停板的概率会较高。

2. 集合竞价选股的后市操作

由于中国股市实行的是T+1交易模式，买入后当天不能卖出，因此，投资者买入个股后，不论当天上涨了多少，如果第二个交易日行情不好，股价转为下跌，可能依然无法盈利出局。所以需要对买入当天该股的整体表现进行分析，然后决定后市应该如何操作。

（1）如果选择操作的个股当日涨停，换手率和成交量都未见放大，说明主力资金并未出逃，该股在第二个交易日继续大涨或涨停的可能性非常大，可以继续持有。

(2) 如果选择操作的个股当日涨停，换手率和成交量均明显放大，该股在第二个交易日通常会高开。如果高开后股价没有快速封上涨停板，则可以选择在高开后逢高获利出局。如果高开后股价再次快速封死涨停板，说明前一天是很明显的换手涨停板，这类个股走势通常会非常强势，有走出妖股的潜质。

(3) 如果选择操作的个股当日冲击涨停后回落，换手率和成交量均明显增加，该股第二个交易日通常会继续冲高。如果该走势出现在底部起涨位置，则股价后市继续上涨的概率较大，可以继续持有。如果该走势出现在股价上涨或下跌途中，投资者可以选择在第二个交易日股价冲高后获利出局。

(4) 如果选择操作的个股当日未涨停，换手率和成交量均未见放大，则观察第二个交易日成交量和换手率是否增加。如果增加，可以继续持有；如果未增加，则考虑卖出换股。

(5) 如果选择操作的个股当日未涨停，换手率和成交量均明显放大，则观察第二个交易日成交量和换手率是否持续增加。如果持续增加，可继续持有；如果未增加，反而减少, 则考虑在股价冲高时出局。

(6) 如果选择操作的个股当日未涨停，连续多个交易日成交量持续保持温和放量，量能逐步放大，则该股行情还会继续冲高，可以继续持有。

集合竞价选股是寻找短线强势个股的实用方法之一，只适合短线操作，不适合中长线操作。在实际操作中，集合竞价选股法成功的概率极高，但同时也存在一定的风险。其风险在于，当日行情还没开始运行，就通过集合竞价行为预测该股为当日强势个股，开盘后就立即买入，甚至有些投资者会在开盘前买入或卖出换股，当开盘后行情出现空头打压下跌时，被套的风险较高。

战 法 笔 记

十六、梅开二度战法

梅开二度战法与共振爆破点战法类似，也是将多种指标进行组合，等待指标形成共振。但二者也有一定的区别：共振爆破点战法一般都是股价在底部起飞阶段刚刚开始起涨，买入往往就相当于抄底，安全性较高；梅开二度战法则是股价已经经过一段时间的上涨，在上涨途中出现休整，随后再次开始第二波拉升，就像飞机在空中加油一样，因此梅开二度战法又被称为“空中加油战法”。

股价上涨能出现梅开二度走势，必然是前期已经上涨了一段距离，且通常是短期大涨。因此，在梅开二度战法的分析和操作中，其安全性要比共振爆破点战法稍微低一些，但在实战运用中成功率也是非常高的。

梅开二度战法的要求如下：

1. 股价经过一段时间上涨后进入盘整期

梅开二度战法的前提条件是，股价前期已经上涨一定的幅度，并且必须是经过上涨后进入整理期。前期股价上涨时，大多数指标和均线都是金叉后向上发散的。由于股价上涨与指标产生过大偏离，因此股价会出现短暂停留以修正指标。短暂的停留可能是横盘震荡，也可能是小幅回调。

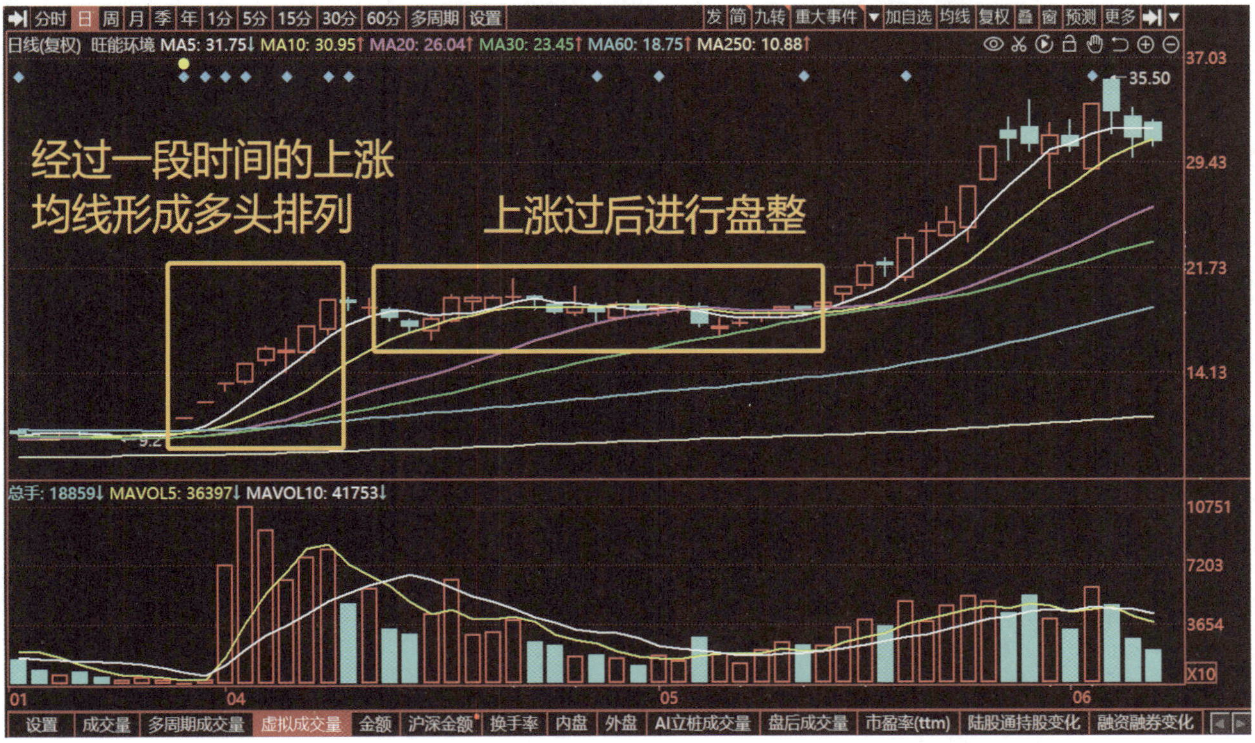

2. 短期均线重新黏合并形成金叉

当股价经过上涨后进入横盘震荡或小幅调整期时，5 日均线和 10 日均线会走平或回落。当5日均线和10日均线回落至20日均线附近时便会交汇，均线重新黏合。当 5日均线和10日均线再次从20日均线下方穿越20日均线上行时，短期均线黏合金叉宣告成立。这里需要强调的是，梅开二度中的均线黏合金叉是短期均线黏合，没有长期均线。因为股价经过前一轮上涨时，短期均线上涨速度比较快，而长期均线涨速很慢，因此，梅开二度行情很难等到长期均线靠拢。

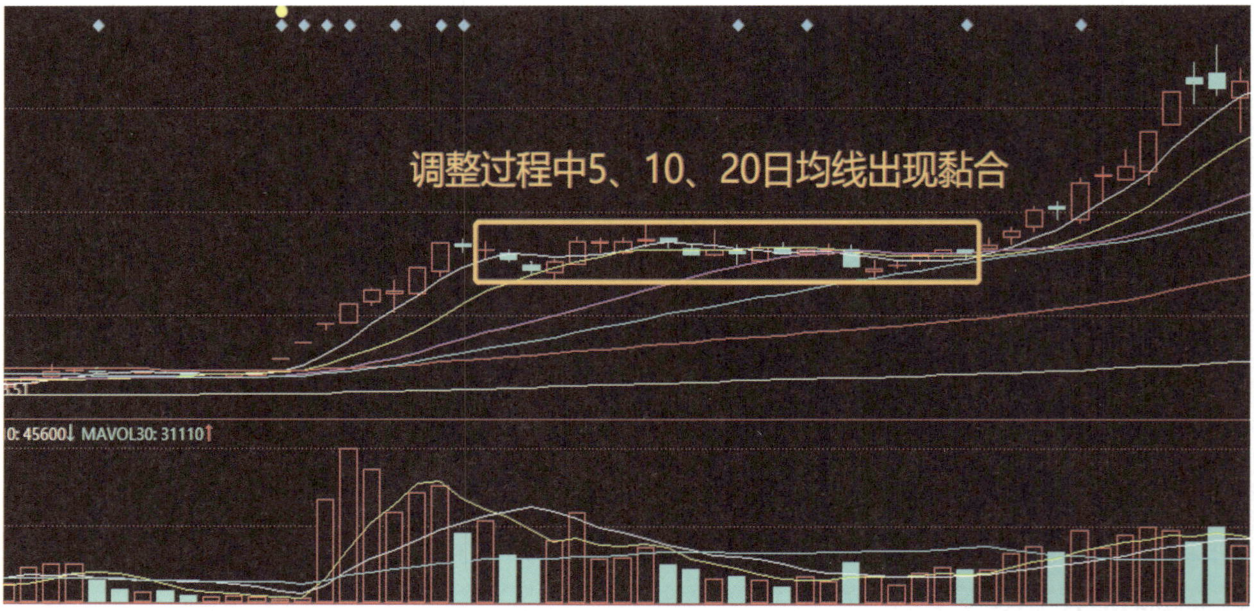

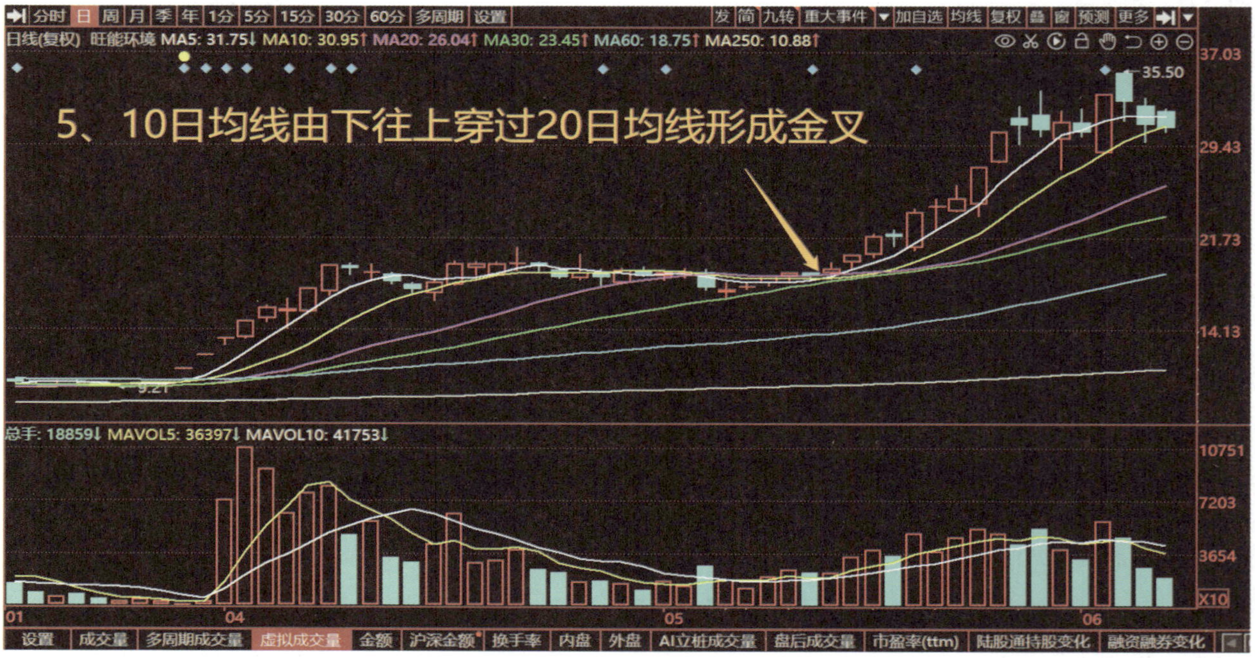

3. 成交量持续放大

成交量放大是推动股价上涨的基本条件。一只优质的股票，股价经过一段时间的上涨后，部分获利盘就会选择获利出局，因此行情开始走出小幅回撤或横盘震荡行情。在小幅回撤或横盘震荡期间，成交量会逐步减少。当成交量再次逐渐增加时，说明该股市场活跃度增加。如果伴随着价格逐渐上涨，则说明多方力量占据主导优势。

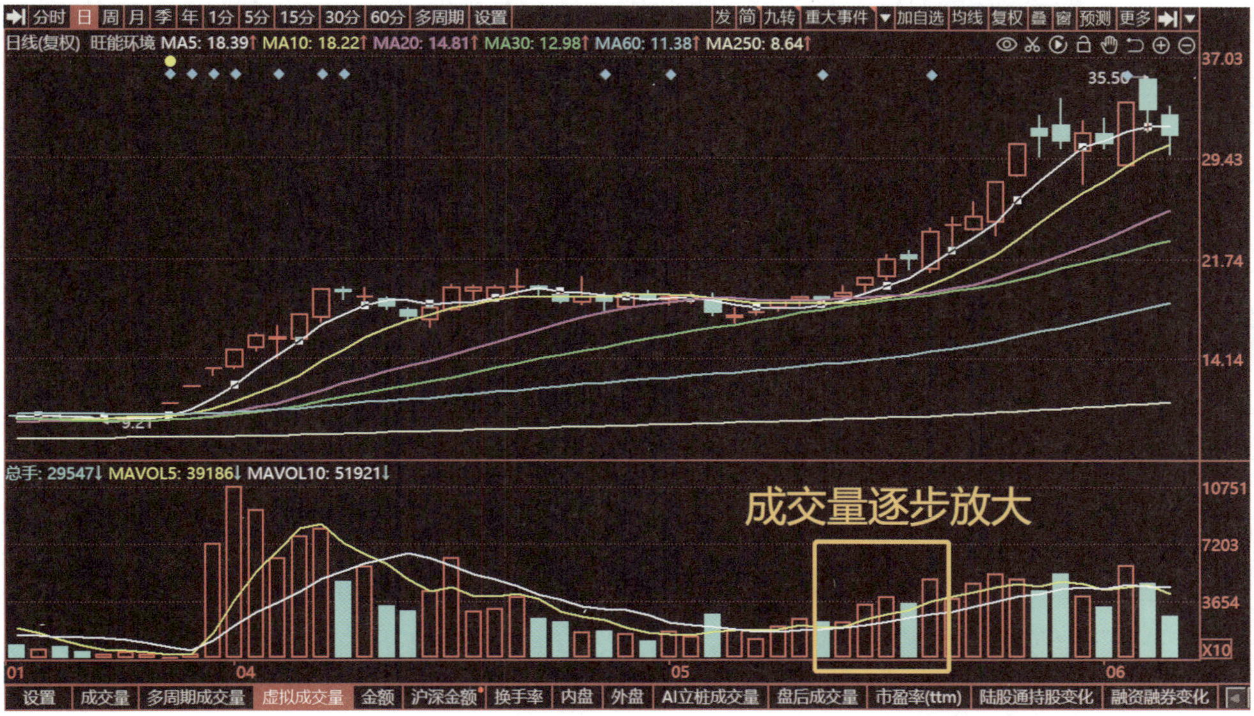

4. MACD指标再现金叉

股价经过一轮上涨后，MACD指标应该处于金叉后向上发散的运行状态，也可能是高位背离状态。当股价进入短线回撤或横盘整理期时，MACD指标的快线将会逐渐走平并回落，慢线依然逐渐上涨。当快线从上方穿越到慢线下方后，再次从下方向上穿越慢线时，说明MACD指标再次形成金叉。梅开二度中，MACD指标再度出现金叉的位置一般在 0 轴线上方。

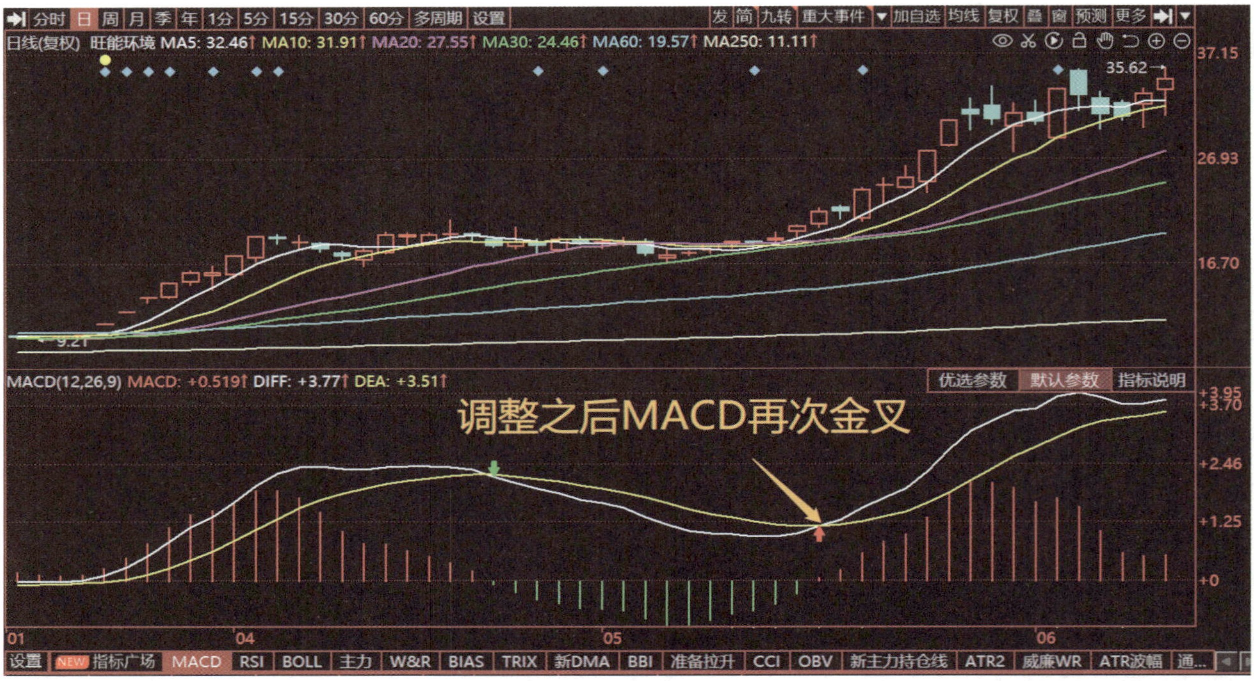

5. KDJ指标再现金叉

股价经过一轮上涨后，KDJ 指标通常处于金叉后向上发散的运行状态，也可能是高位背离状态。当股价进入短线回撤或横盘整理期时，KDJ 指标会回落下行或横盘运行休整。当KDJ指标休整完成后，KDJ指标三条线再度黏合向上发散，则KDJ指标再次形成金叉。梅开二度中 KDJ指标再度出现金叉的位置一般会在50附近，偶尔会出现在80以上的超卖区域。

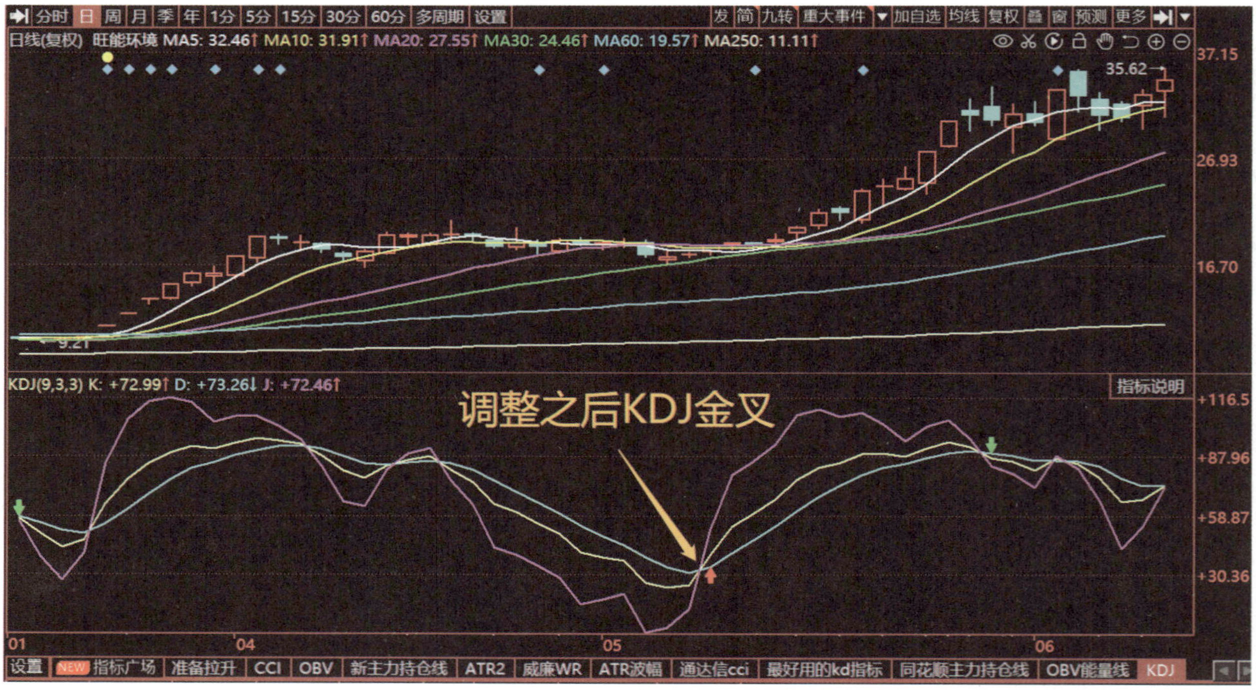

6. 筹码集中度再次集中

这里的筹码集中度跟共振爆破点战法的筹码集中度有所区别：在共振爆破点战法中，筹码集中度通常会呈现出一个峰值。在梅开二度行情中，筹码集中度可能呈现一个峰值，这个峰值在梅开二度行情启动的位置；也可能是两个峰值，第一个峰值在行情启动时共振爆破点的位置，还有一个峰值在梅开二度行情启动的位置。总而言之，走出梅开二度行情时，筹码集中度必定会很高，不会出现筹码分布特别散乱的情况。

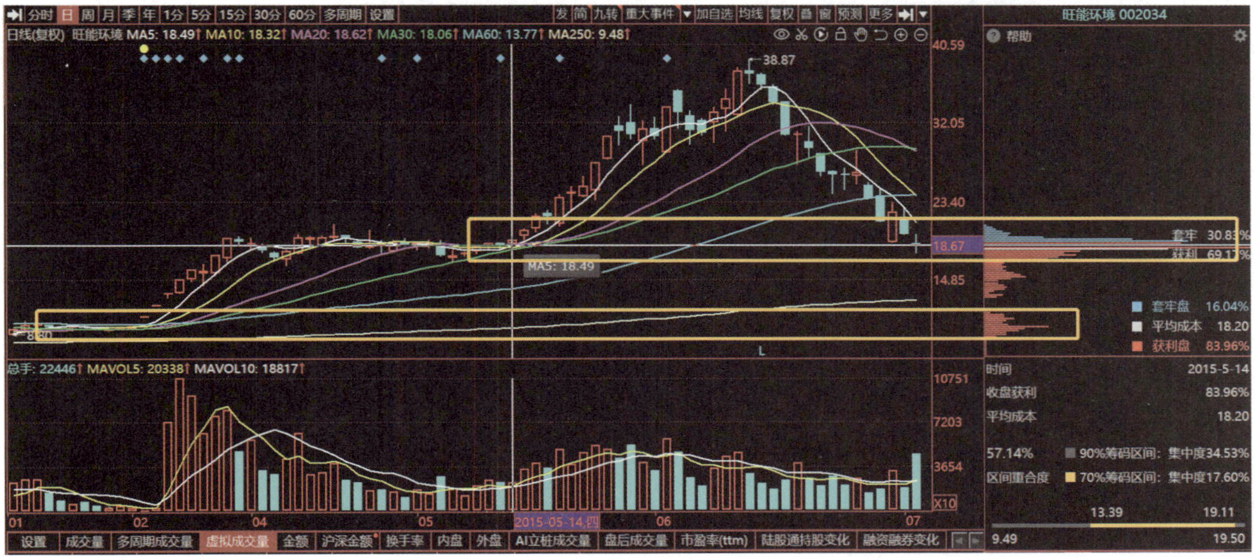

将以上6点进行组合分析，如果能够同时满足，则形成梅开二度行情的概率非常大。只要走出梅开二度行情，一般向上的空间会很大，盈利能力也会非常强。但是，在操作梅开二度行情时，由于行情前期已经有过一段不小的涨幅，所以要控制好仓位，尽量不要重仓操作。在梅开二度行情上涨过程中，需要逐步降低仓位，以免行情出现意外反转。

如图所示，旺能环境（002034）的K线图中，股价前期经过一段时期的持续上涨后，进入横盘整理阶段。当股价经过短期横盘整理后，短期均线开始黏合，筹码再度集中。之后股价自下而上穿越短期均线上涨，使得短期均线出现金叉，成交量持续增加，MACD在0轴线上方出现金叉，KDJ提前出现金叉，多种指标组合均显示股价要继续上涨，形成空中加油的指标共振。股价突破均线上涨，均线出现金叉的位置，就是股价上涨的梅开二度共振爆破点。

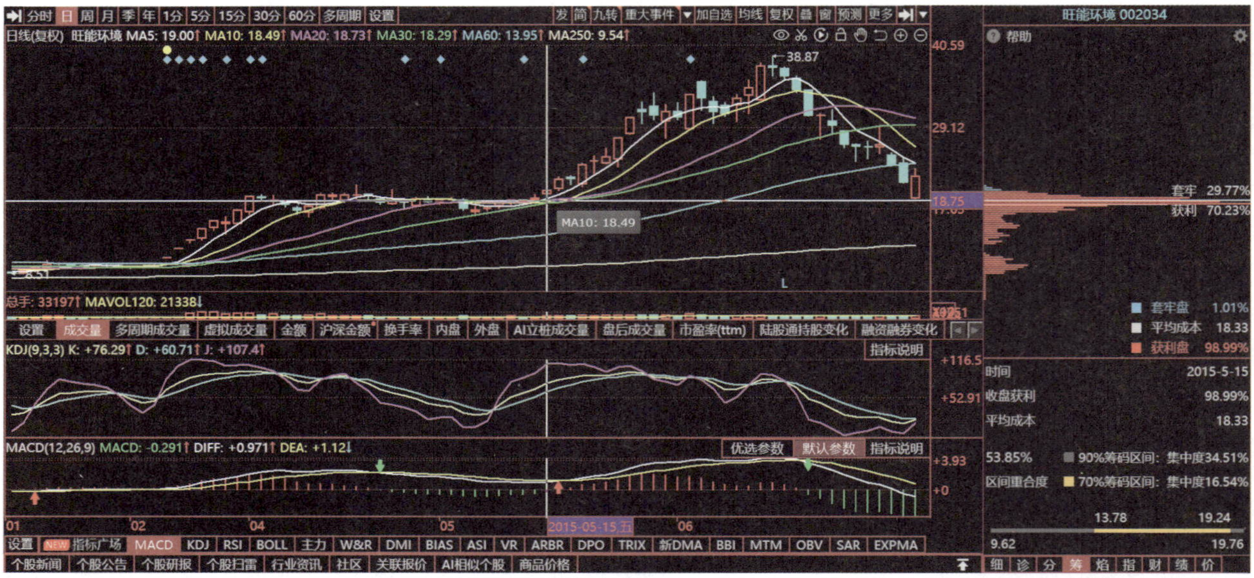

战法笔记

十七、仙人指路战法

仙人指路是K线出现的一种特殊形态，一般出现在股价连续下跌整理后即将拉升的初期或中期阶段。股价当天放量高开高走，股价冲高之后，主力开始打压盘面。股价在盘中反复震荡盘跌，最后形成带长上影线的小阳线或小阴线，并且收盘前一定要较前一交易日有所上涨，如此K线即称为仙人指路K线。

出现仙人指路K线形态，主要是主力展开向上拉升前进行的试盘动作，意在测试盘面筹码的稳定程度和抛压程度，同时发出进一步加大建仓力度的信号。在当天反复盘跌过程中，主力通过打压洗盘，为即将到来的正式拉升做好充分的蓄势准备。其后股价经过短期调整，将会非常猛烈地快速拉升。

仙人指路K线一般是多头主力的洗盘行为。在实际操作过程中，仙人指路K线形态的安全性和可操作性较强。但是，并不是所有带上影线的小阳线或小阴线都是仙人指路。

1. 仙人指路战法构成要点

（1）出现仙人指路的K线位置，最好在前期重要压力区间。

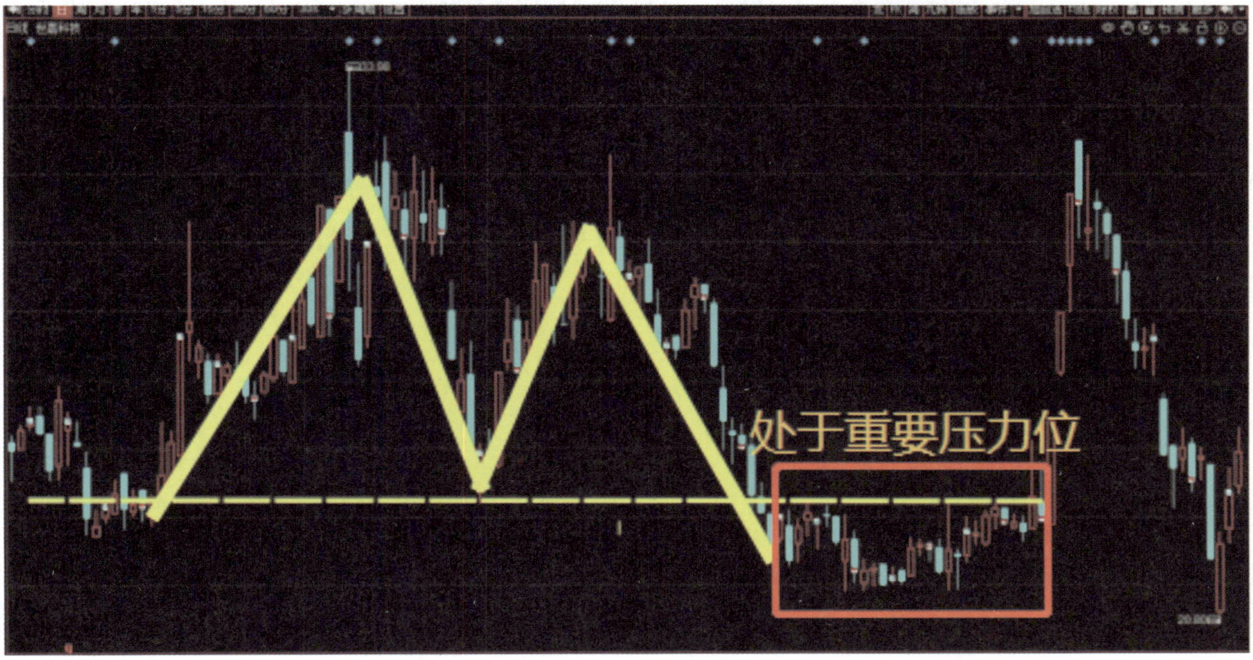

（2）出现仙人指路K线形态前，市场通常会有一定的横盘震荡区间，并且市场获利空间一般不超过15%。

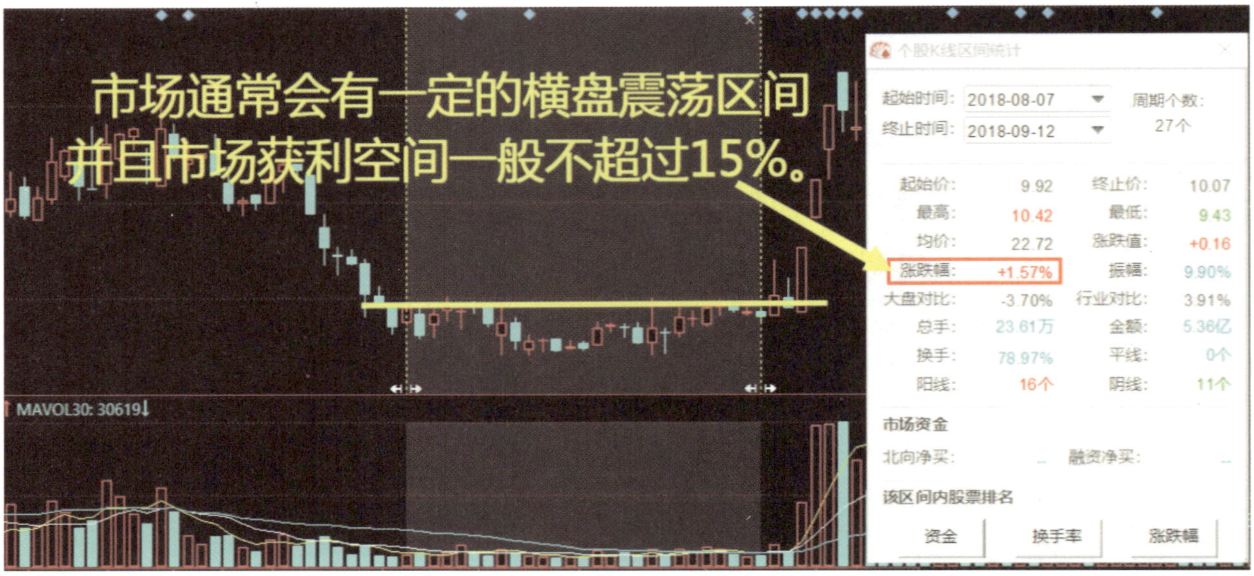

（3）股价必须是以一根带长上影线的小阳线或小阴线收盘，收盘时仍然保持1%～3%的涨幅。

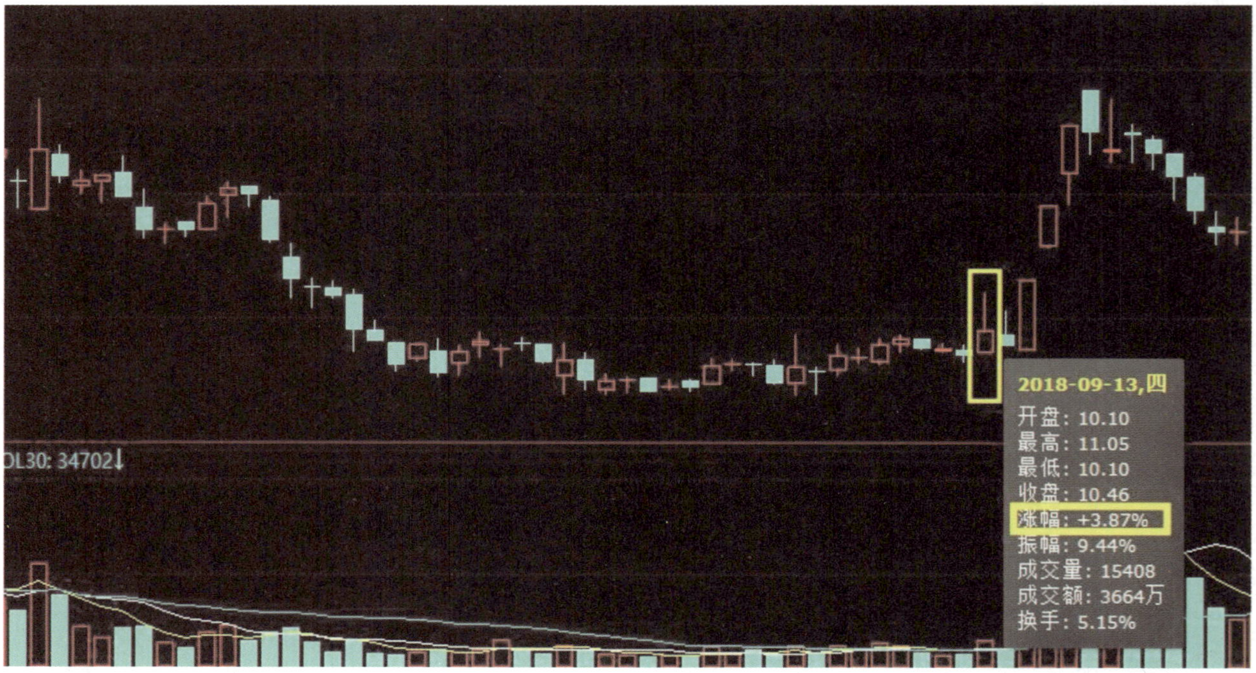

（4）出现仙人指路K线当日，量比一般为1倍以上，振幅通常在 7%以上。

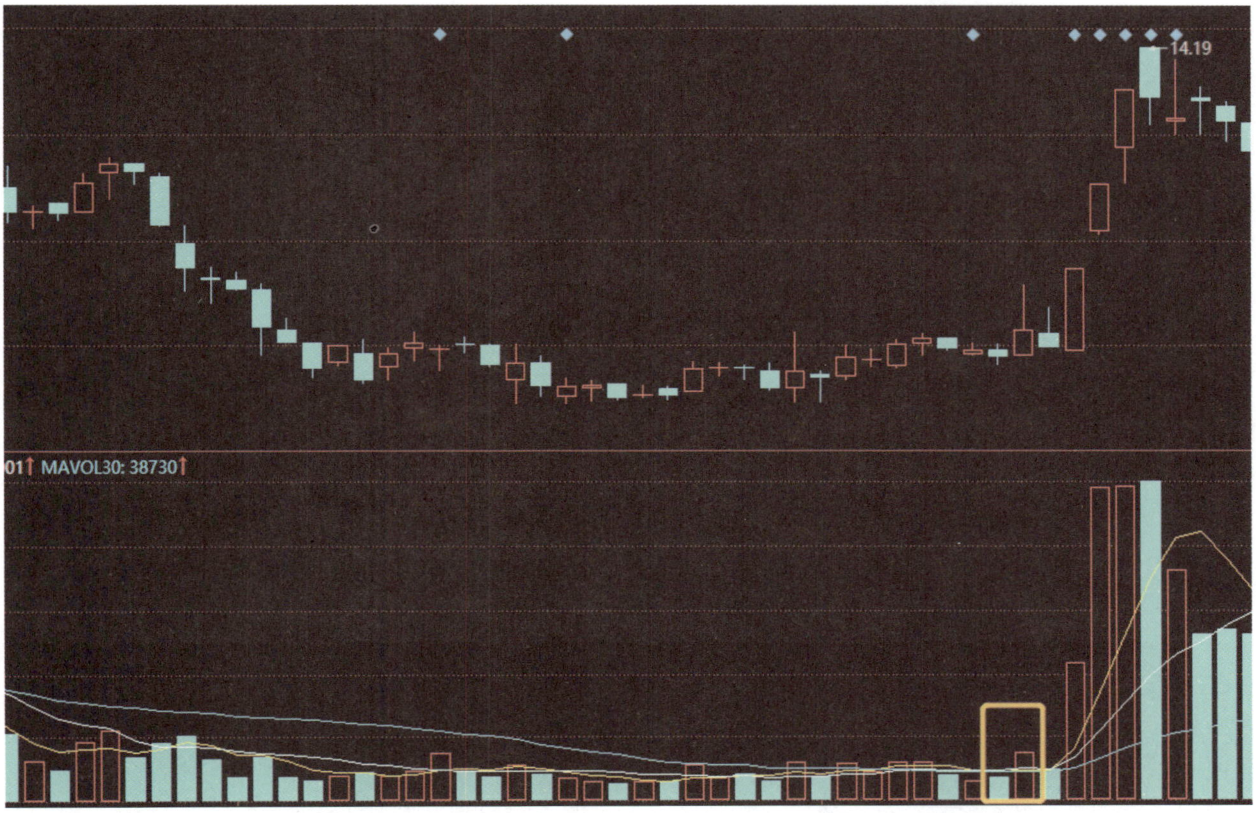

（5）出现仙人指路K线形态时，一般都伴随着量能逐步放大。

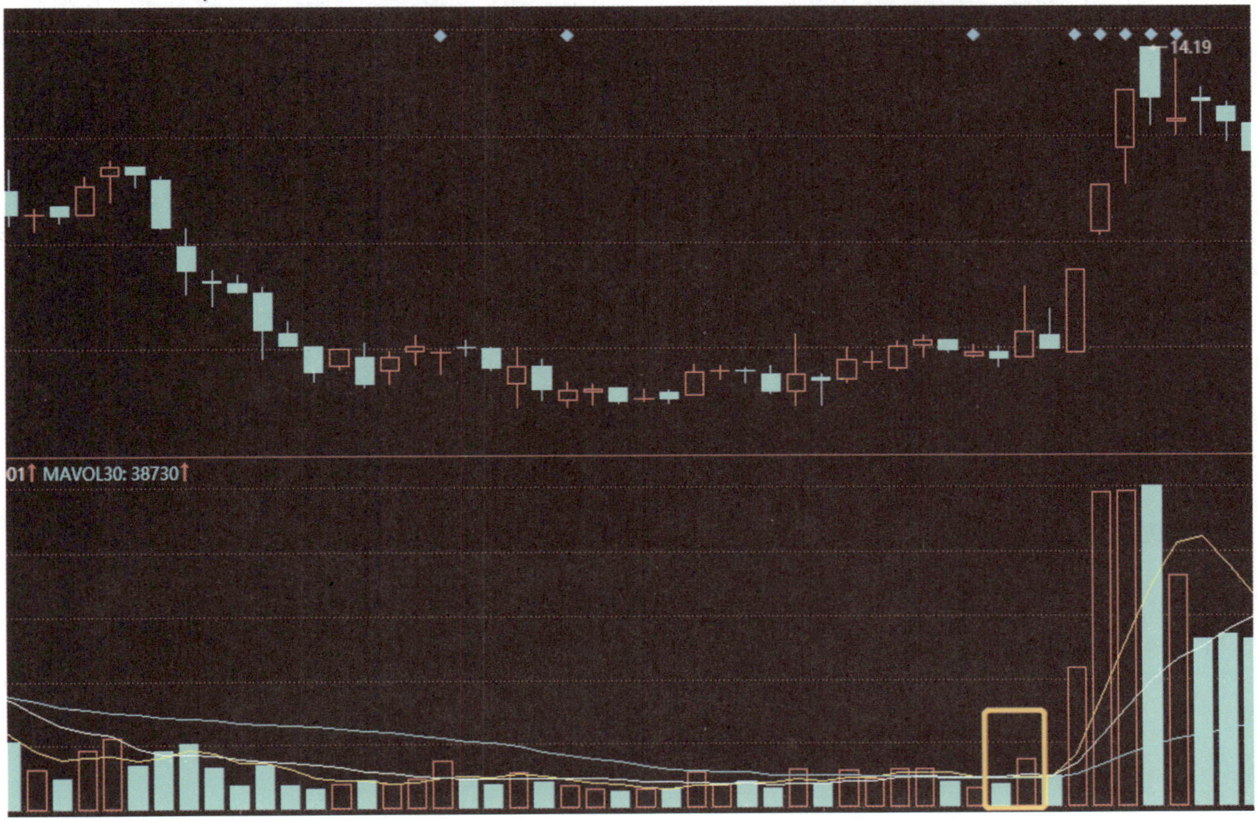

（6）出现仙人指路K线形态前一天的阳线，最好是涨幅超过5%的大阳线，并伴有成交量的增加。

（7）出现仙人指路K线形态后，1～2个交易日内，股价必须是高开高走或低开高走的强势上涨走势，绝不能出现高开低走的下跌现象，这是决定主力是否继续上攻的重要标志。

如图所示，世嘉科技（002796）的K线图中，股价在下跌后经过一段时间的横盘整理，在2018年9月13日开盘后强势冲高，随后逐渐回落，形成带长上影线的光脚阳线。第二天再次开盘后股价冲高回落，收出带上影线的光脚阴线。第三天股价开盘后强势上涨，并封死涨停板，其后短期内连续上涨。股价第一天的强势冲高回落即形成仙人指路走势。

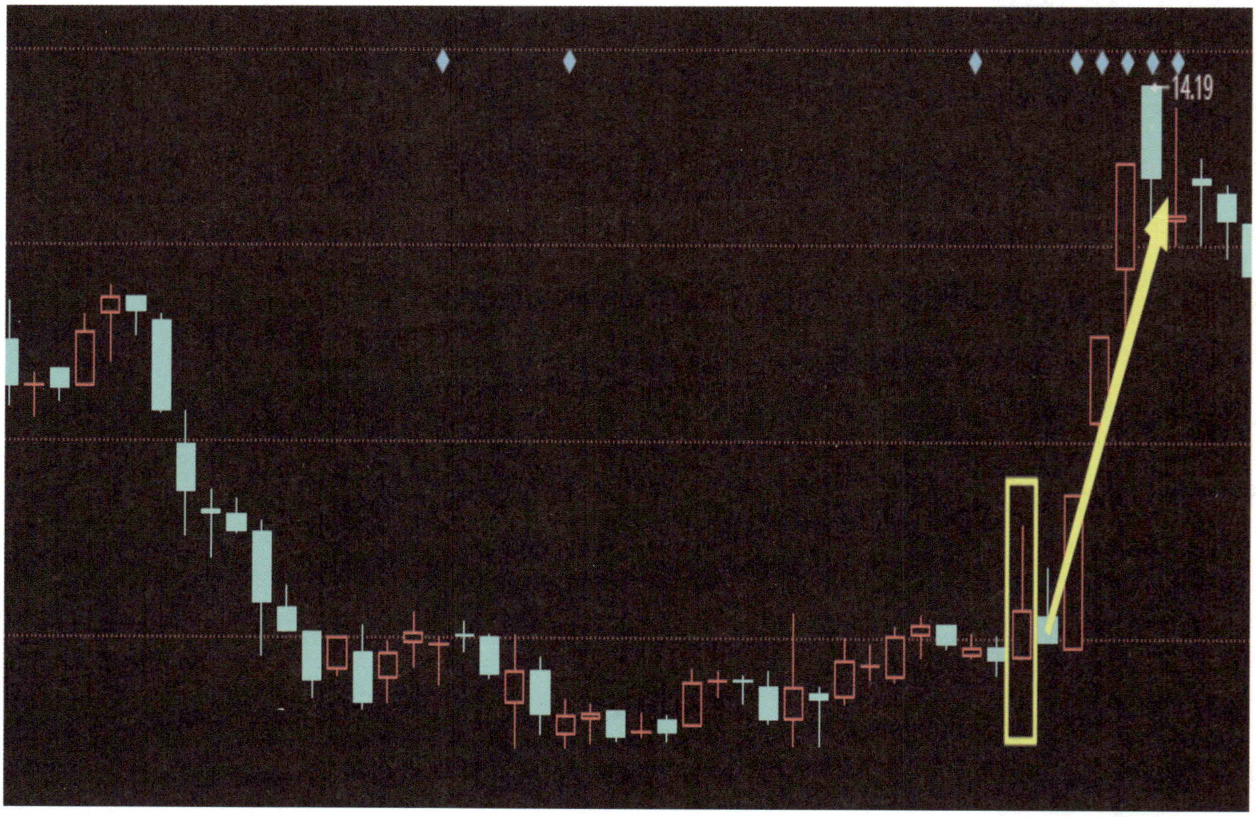

2. 假仙人指路的形态特征

（1）股价处于下跌过程中，当天出现长上影小阳线或小阴线不属于仙人指路形态。

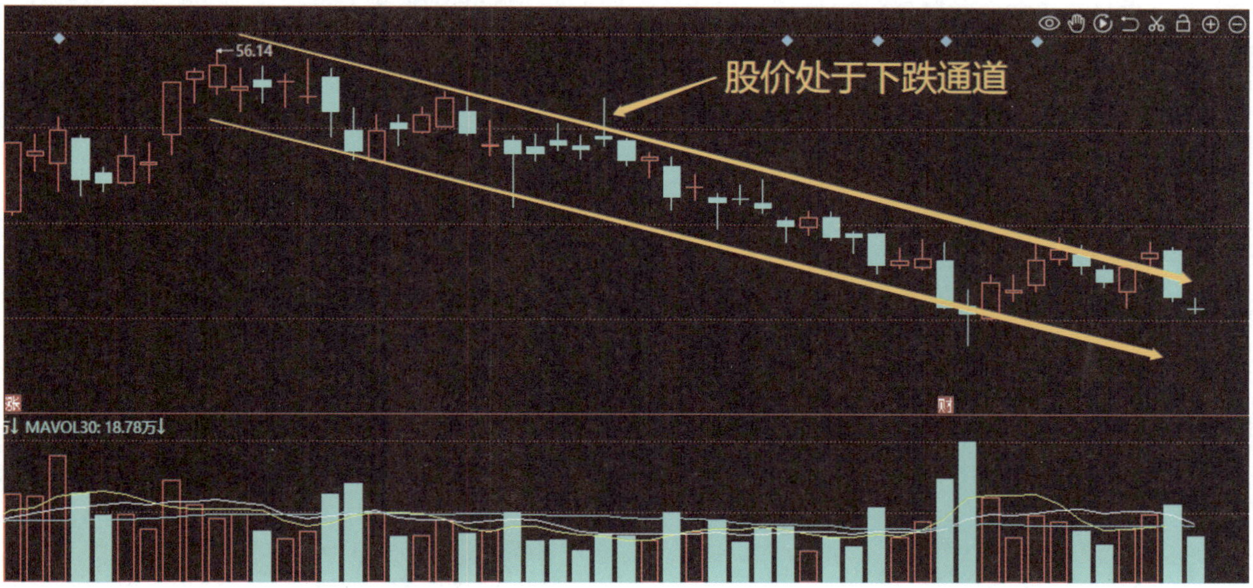

（2）当天量比达到5倍以上，换手率达到10%以上的巨量长上影阴阳K线不属于仙人指路形态。

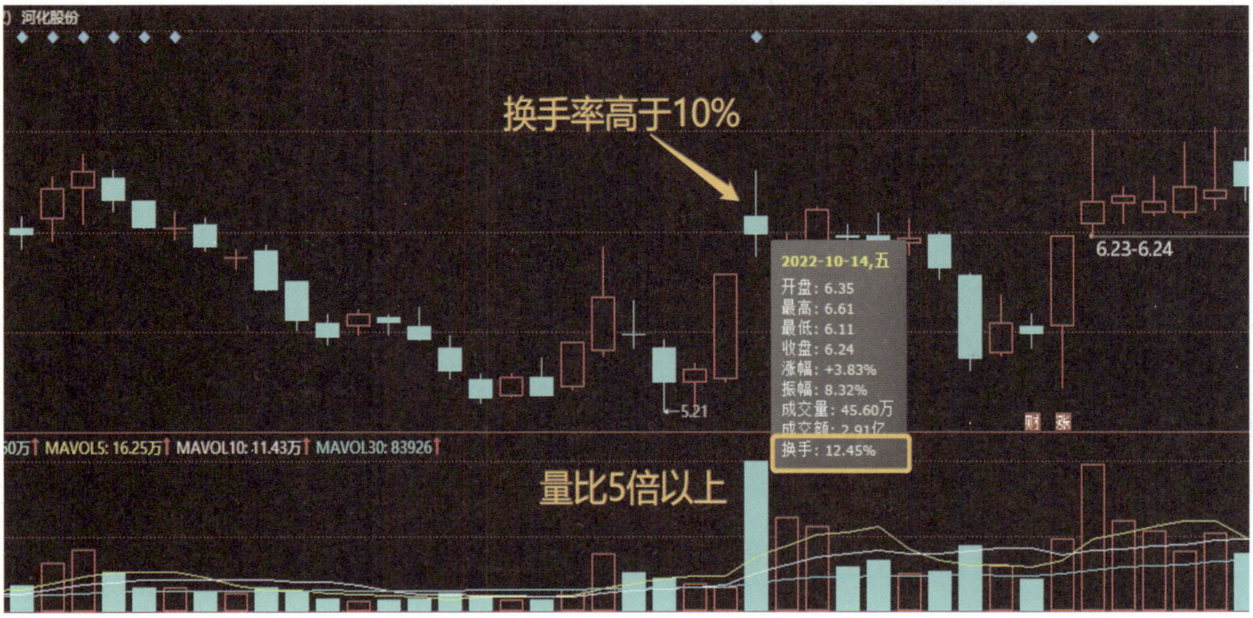

（3）当天收盘时股价下跌至前一日收盘价下方，跌幅超过2%以上，不属于仙人指路形态。

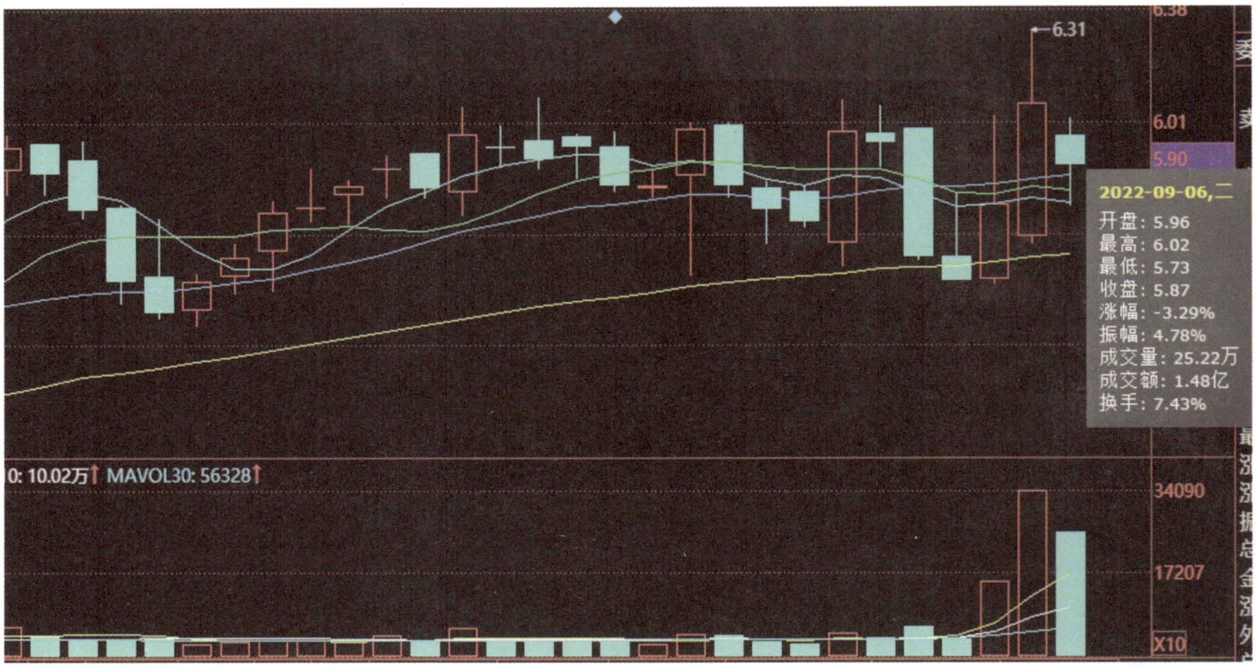

（4）股价出现在下跌阶段的反弹行情中，当天出现长上影小阳线或小阴线，不属于仙人指路形态。

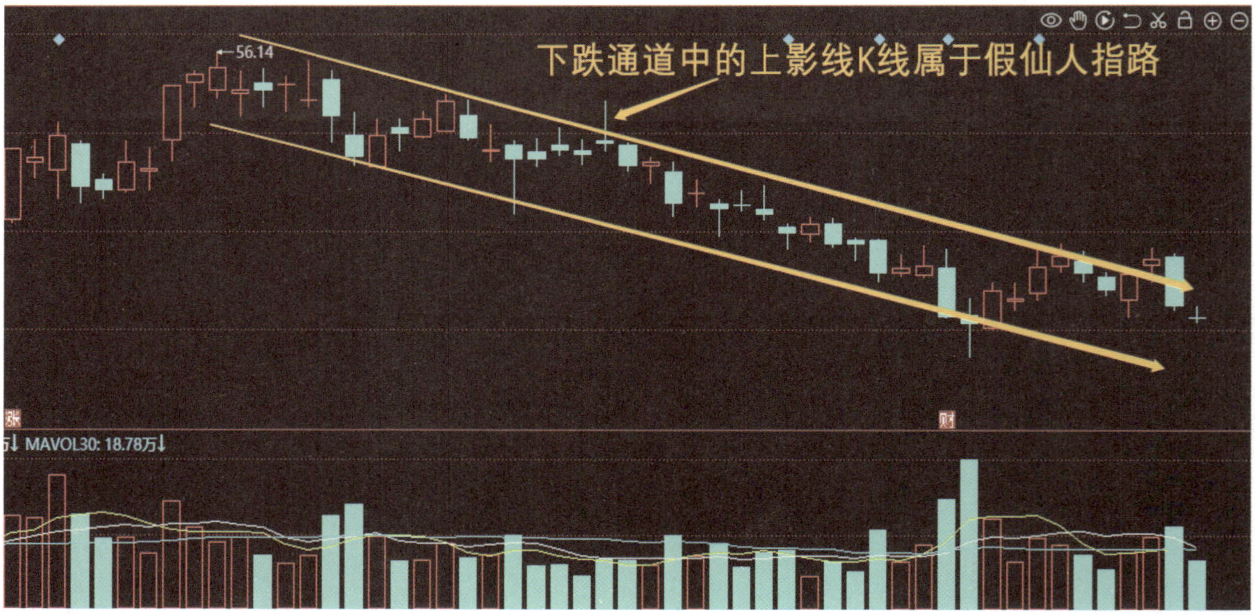

股价经过一段时间的下跌和横盘整理后，出现仙人指路K线时，应当在出现仙人指路K线当天的尾盘阶段或第二天买入股票。如果仙人指路形态有效，则后期上涨的空间将会非常可观；如果仙人指路形态无效，则应及时卖出手中的股票。

战法笔记

战法笔记